W0322486

Kommunikation II

Verhalten und Technik in Besprechungen

Arbeitshefte Führungspsychologie

Herausgegeben von Prof. Werner Bienert, Ludwigshafen
und Prof. Dr. Ekkehard Crisand, Wilhelmsfeld

Band 6

Kommunikation II

Verhalten und Technik in Besprechungen

von

Dr. Rainer W. Stroebe

Dipl.-Psychologe
Wörthsee/Steinebach

7., überarbeitete Auflage 1998

Mit 60 Abbildungen und Tabellen

I. H. Sauer-Verlag GmbH
Heidelberg

1. Auflage 1977 – ISBN 3-7938-7628-4
5. Auflage 1992 – ISBN 3-7938-7061-8
6. Auflage 1995 – ISBN 3-7938-7140-1
7. Auflage 1998 – ISBN 3-7938-7202-5
(20- bis 22 Tausend)

Für Irmgard, Inga, Antje und Ralf

Die Deutsche Bibliothek – CIP-Einheitsaufnahme

Stroebe, Rainer W.:
Kommunikation / von Rainer W. Stroebe. – Heidelberg : Sauer.
2. Verhalten und Technik in Besprechungen : mit Tabellen. – 7., überarb. Aufl. 1998

(Arbeitshefte Führungspsychologie ; Bd. 6)
ISBN 3-7938-7202-5

ISBN 3-7938-7202-5

© 1998 I. H. Sauer-Verlag GmbH, Heidelberg

Das Werk einschließlich aller seiner Teile ist urheberrechtlich geschützt. Jede Verwertung außerhalb der engen Grenzen des Urheberrechtsgesetzes ist ohne Zustimmung des Verlages unzulässig und strafbar. Das gilt insbesondere für Vervielfältigungen, Bearbeitungen, Übersetzungen, Mikroverfilmungen und die Einspeicherung und Verarbeitung in elektronischen Systemen.

Fotosatz: Mitterweger Werksatz GmbH, 68723 Plankstadt

Druck und Verarbeitung: Progressdruck GmbH, 67346 Speyer

Umschlagentwurf: Horst König 67067, Ludwigshafen

∞ Gedruckt auf säurefreiem, alterungsbeständigem Papier, hergestellt aus chlorfrei gebleichtem Zellstoff (TCF-Norm)

Printed in Germany

Inhaltsverzeichnis

Eine Besprechung ist unmöglich mit jemandem,
der vorgibt, eine Wahrheit nicht zu suchen,
sondern sie schon zu besitzen.

1. Bedeutung, Problematik und Kosten der Kommunikation in Besprechungen

„Wie geht`s dem Chef"
„Danke schlecht."
„Nanu? Schwierigkeiten?"
„Ja. Er ist ganz verzweifelt. Wir ersticken in Aufträgen. Seit Wochen konnte er keine Konferenz mehr abhalten."

Streng wissenschaftlich formuliert dieses Phänomen Prof. *Th. O. Salbaderer* (in: *Wunderlich, O.*): „Sitzungsbetrieb ist die Synthese zwischen Produktions- und Konsumsphäre, die Vereinigung von Arbeit und Freizeit in einer zweckfreien Betätigung, die der Selbstbestätigung der Teilnehmer dient. In Sitzungen erfolgt die Befreiung von den Sachzwängen des Arbeitsprozesses. Daraus ergibt sich die langatmige Selbstverständlichkeit, die zum sitzungsbetrieblichen Perpetuum mobile führt."

Hauptbeschäftigung Reden – so kann man die Analyse einer Arbeitswoche verschiedener Führungskräfte zusammenfassen. Der Anteil verbaler Kontakte an der Arbeitszeit von Führungskräften beträgt (nach: *O. Neuberger*, S. 21):

Zahl der Führungskräfte	Anteil von Gesprächen, Diskussionen, Konferenzen an der Arbeitszeit
Untersuchung 1: 66	63 %
Untersuchung 2: 160	56 %
Untersuchung 3: 194	42–50 %

Mintzberg berichtet, daß in zwei britischen Untersuchungen Manager 66 % bzw. 80 % ihrer Zeit mit mündlicher Kommunikation verbrachten. Er selbst registrierte 78 % (*H. Mintzberg*, S. 54 f.). So klingt es nicht mehr allzu verwunderlich, wenn von europäischen Managern berichtet wird, daß sie in Japan 2/3 ihrer Arbeitszeit in Meetings investieren.

Differenzieren wir die Zeit für mündliche Kommunikation nach Management-Ebenen:

– Top-Manager: 42,5 Stunden/Woche
– Mittel-Manager: 19 Stunden/Woche

Meinungsaustausch in Besprechungen: „Ich geh zum Chef mit meiner Meinung rein und mit seiner raus."

(Quelle: Erhard Dietl / Cartoon-Caricature-Contor München)

Die Folgerung:

Je höher die Position in der Hierarchie, um so mehr Zeit wird durch Besprechungen, Diskussionen und Kontaktgespräche beansprucht.

Analyse einer Arbeitswoche

Manager in einem Großunternehmen arbeiten 59,3 Std./Woche		Manager in Klein- und Mittelbetrieben arbeiten 61,4 Std./Woche	
davon:	**Std.**	**davon:**	**Std.**
Gruppenbesprechungen innerhalb eines Geschäftsbereichs	10,8	Gruppenbesprechungen innerhalb des Geschäftsbereichs	4,3
Einzelbesprechungen mit Mitarbeitern	6,6	Mitarbeit in Gremien außerhalb des Geschäftsbereichs	2,3
Besprechungen mit Geschäftspartnern	3,3	Einzelbesprechungen mit Vorgesetzten	1,8
Vorträge	0,8	Einzelbesprechungen mit Mitarbeitern	6,0
Kontaktgespräche mit Presse usw.	0,5	Besprechungen mit Geschäftspartnern	5,0
		Kontaktgespräche mit Presse usw.	1,3
		Vorträge	0,7
	18,73		21,5
Prozent der Arbeitszeit für Kommunikation	31,59	Prozent der Arbeitszeit	30,28

Woran liegt der hohe Aufwand für Besprechungen?

Eine mögliche Erklärung dafür (*H. Mintzberg,* S. 55):

Top-Managern kommt eine Schlüsselrolle zu, „weiche externe Information (die sie oft nur aufgrund ihrer Stellung erhalten) sicherzustellen und an die Mitarbeiter weiterzuleiten“. Solche weichen Informationen bestehen aus Klatsch, Gerede, Spekulationen. „Der Grund liegt in der Aktualität. Klatsch von heute kann Tatsache von morgen sein. Ein Manager, der nicht für den Telefon-Anrufer zu sprechen ist, der ihn über eine Golfpartie seines größten Kunden mit seinem Hauptkonkurrenten informieren wollte, könnte unter Umständen in seinem nächsten Quartalsbericht von einem dramatischen Umsatzrückgang lesen.“

Die *Vorliebe* der Manager für *verbale Kommunikation* wirft allerdings zwei Probleme auf:

– Verbale Informationen werden in menschlichen Gehirnen gespeichert. Nur wenn die Menschen diese Informationen aufschreiben, können sie im Unternehmen erfaßt werden. Aber offenbar halten Manager nur wenig von dem, was sie hören, schriftlich fest. So befindet sich die strategische Datenbank des Unternehmens nicht im Speicher des Computers, sondern in den Köpfen der Manager.
– Die Bevorzugung verbaler Kommunikation erklärt, warum Manager ungern Aufgaben delegieren. Sie können dem Mitarbeiter nicht einfach Akten übergeben. Sie müssen sich Zeit nehmen, ihm alles, was sie über ein Problem wissen, zu erzählen. Aber das dauert unter Umständen so lange, daß der Manager die Aufgabe lieber selbst erledigt. So ist der Manager durch sein eigenes Informationssystem zum Delegations-Dilemma verdammt (vgl. „Arbeitsmethodik I").

Während der Untersuchung fiel auf, daß sich die Top-Manager (alle sehr kompetent) grundsätzlich nicht von ihren Vorgängern vor 100 Jahren (oder gar vor 1000 Jahren) unterscheiden. Die Informationen, die sie brauchen, sind unterschiedlich, aber sie werden auf dieselbe Weise gesucht – durch das gesprochene Wort.

Der Glaube an den Wert „weicher" Informationen findet sich auch in der Aussage:

„The value of a conference is not the programme itself but the people one meets." (*M. Finniston*, S. 350)

Sind Sie einsam?

Sind Sie es leid, allein zu arbeiten? Hassen Sie es, Entscheidungen zu treffen?

Gehen Sie zu einer Besprechung!!!

Sie können dort:

– Menschen treffen
– Flip-Charts kreieren
– sich wichtig fühlen
– Ihre Kollegen beeindrucken und langweilen
– Kaffeetrinken

All dies während der Arbeitszeit.

Besprechungen – die praktische Alternative zur Arbeit!

(unbekannte Quelle, USA)

Wie steht es mit der finanziellen Seite?

Zum finanziellen Aufwand für Besprechungen einige – sicherlich „weiche" und mit einem „Inflationszuschlag" zu versehende – Informationen:

H. Scharfenberg gibt an, daß die Konferenzen in der Bundesrepublik täglich 112,5 Millionen DM kosten, wenn man nur die Gehälter der Beteiligten zusammenrechnet (*H. Scharfenberg,* S. 31–34).

Diese Zahl gleicht in etwa einer Angabe der Wirtschaftswoche (7. 2. 1976, S. 71 o. V.):

„…kostet das große Management-Palaver in der Bundesrepublik allwöchentlich geschätzte 600 Millionen Mark." Auch zu den betriebswirtschaftlichen Folgen findet sich ein Hinweis: „Bei der französischen Elektromaschinenfabrik Merlin-Gerin gab es erstaunte Gesichter. Die Personalabteilung führte ein Jahr lang über jede Konferenz des Managements Buch und multiplizierte die Stunden mit den Gehältern der Bosse. Resultat: Der Betrag war so hoch wie die Dividende."

Werden zusätzlich die Reisekosten berücksichtigt, so ist zu fragen: „Warum verreise ich, statt mittels einer Video-Konferenz meine Gedanken verreisen zu lassen?"

Haben Sie einmal errechnen (und es mitteilen) lassen, was eine *Ihrer* Besprechungen schätzungsweise kostet? Manche Besprechung kostet mehr, als ihr Ergebnis bringt: Hier eine Arbeitshilfe:

Welchen Aufwand treibe ich für Besprechungen?

Besprechungen	Anzahl Teiln.	Teilnehmer-kosten in DM	Zeitaufwand	Wert-schöpfung (Ertrag)	Art der Besprechung	meine Funktion (Moderator, Protokollführer, Teilnehmer)
– die ich veranlasse						
– an denen ich teilnehme						

Für die, die es ganz genau wissen wollen, oder die ihrem Controller eine Freude bereiten möchten, hier eine Formel:

Gesamtkosten für eine Stunde Besprechung (*W. Gerfen*[1], S. 12/13)

$$G\,[DM/Std.] = \frac{[(VK+ZK+TG+ÜG) + (R-B) \cdot (1-k) \cdot AK] \cdot T}{B}$$

VK[DM]	= Kosten für gewähltes Verkehrsmittel
ZK[DM]	= Zubringerkosten, sonstige Nebenkosten
TG[DM]	= Tagegeld
ÜG[DM]	= Übernachtungsgeld
R[Std.]	= Gesamte Abwesenheitsdauer vom Arbeitsplatz
B[Std.]	= Effektive Besprechungsdauer
k	= Anteil (0…0,5…) der Reisedauer (R–B), die effektiv/produktiv genutzt werden kann
AK[DM/Std.]	= Arbeitskosten pro Std.
T	= Anzahl der Teilnehmer

„Mit den in Deutschland derzeit geltenden Verkehrsmittelkosten und unterstellten mittleren Arbeitszeitkosten von 110,– DM/Std. ergeben sich z. B. für eine 2stündige Besprechung, zu der 3 Teilnehmer per Flugzeug von Hamburg nach München reisen, Gesamtkosten pro Stunde von ca. 1800,– DM. Bei einer entsprechenden Anreise von Frankfurt z. B. nach Rom würden sich pro Stunde Kosten von ca. 3700,– DM ergeben.

Den nach vorstehendem Prinzip ermittelten Besprechungskosten sind die Kosten für die Nutzung von Videokonferenz-Einrichtungen gegenüberzustellen. Die hierbei zu berücksichtigenden Kostenelemente sind

- Planungs- und Implementierungskosten,
- Raumkosten,
- Kosten der technischen Einrichtungen,
- Abschreibungszeit,
- Nutzungshäufigkeit,
- Personalkosten,
- Verbindungs- und sonstige Gebühren.

Es lassen sich an dieser Stelle keine Vergleichszahlen zu den Kosten für konventionelle Reisen angeben, da die Kosten für die Nutzung einer privaten Videokonferenz-Endstelle im erheblichen Maße von deren individueller Ausstattung und vor allem der Nutzungshäufigkeit abhängt.

[1] Für Details nutzen sie bitte das Taschenbuch von *W. Gerfen*.

Berücksichtigt man jedoch ein zur Realisierung der technischen Grundleistungsmerkmale für 2 Videokonferenz-Endstellen derzeit erforderliches mittleres Gesamtinvestionsvolumen von ca. 300000,– DM (d.h. ohne besondere Aufwendungen für individuelle, nicht kommunikationsrelevante Gestaltungsansprüche), so ergibt sich im Zusammenhang mit den geltenden Gebühren/Entgelten für Videokonferenz-Verbindungen sowohl für nationale als auch für internationale Videokonferenzen ein Kostenvorteil gegenüber konventionellen Geschäftsreisen selbst bei relativ geringer Nutzungshäufigkeit. Bei hoher Nutzungsfrequenz ist die Nutzung privater Videokonferenz-Endstellen eine eindeutig kostensparende Alternative zu konventionellen Geschäftsreisen."

Es sind aber nicht nur die Kosten, die zu beachten sind: „Die Inflation von Gruppenbesprechungen und Konferenzen führt zu einem seltsamen Selbstschutz: Viele der Befragten geben vor, daß sie am Konferenztisch nicht nur reden oder zuhören. Sie führen dort sehr häufig Informationsgespräche oder entspannen sich gar...". (Vorsicht: Woher kommt der Begriff „Sitzung"? Weil die Teilnehmer sitzen, etwas aussitzen – sonst noch etwas? Ist der Begriff „Beratung" nicht treffender?)

Deutlich kritisieren viele Befragte die *Sitzungsflut*: „Bei der Vorbereitung der firmeninternen Besprechungen ist nichts von der Präzision und der Disziplin festzustellen, die auf die Planung der Produktion angewandt wird", stellt die Kieler Kybernetica GmbH aufgrund einer Umfrage fest, die sie anläßlich von Seminaren mit 200 Führungskräften und Unternehmern über deren Besprechungswesen veranstaltet hat. Drei Viertel der Unternehmensleiter bestätigten, daß in ihren firmeninternen Meetings wichtige und zweitrangige Fragen die gleiche Zeit beanspruchen, und 60% gaben zu, daß in der Regel kein festes Besprechungsziel festgelegt würde. Zwei Drittel schließlich räumten ein, sich nur unzureichend auf die Sitzungen vorzubereiten." (Handelsblatt, 13./14.1.1995, he, „Zeitvergeudung durch Besprechungen")

Insbesondere Führungskräfte in Großunternehmen klagen darüber, daß sie zuviel Zeit mit Gruppenbesprechungen innerhalb des Geschäftsbereichs verbringen (außerdem mit Lesen und Telefonieren). Andererseits haben sie zuwenig Zeit für Einzelbesprechungen mit Mitarbeitern und für Besprechungen mit Geschäftspartnern (sowie für das Lesen von Fachliteratur).

Diese Beispiele sollen verdeutlichen, welche Probleme die eher zu- als abnehmende Flut von Besprechungen, Meetings, Konferenzen, Diskussionen mit sich bringt und welche Bedeutung damit unserem Thema zukommt.

Natürlich sind Besprechungen nicht nur negativ zu bewerten: Stellen wir am Ende dieses Abschnitts „Bedeutung und Problematik der Kommunikation in Besprechungen" einige *Argumente für und gegen Besprechungen* zusammen.

Pro Besprechungen	*Kontra Besprechungen*
Die optimale Gruppengröße von etwa 5–9 Personen reicht meist aus, um die Vertreter verschiedener Ansichten zu versammeln. Als Informanten können zeitweise weitere Personen vortragen.	Es kommt bei Besprechungen um so weniger heraus, je mehr Personen teilnehmen.
Wo es zu einer Frage mehrere Ansichten gibt, ist es wichtig, diese miteinander zu konfrontieren und um einen Konsens zu ringen.	Das Für und Wider wird immer undurchsichtiger. Meinungen überwuchern die Informationen. Perspektivenwechsel wird militant abgeblockt.
Die richtigen Personen sind diejenigen, die ein Problem lösen können, wenn es nötig ist.	Oft diskutieren die falschen Personen (helfen sie bei der Lösung, oder werden sie selbst zum Problem?) zur falschen Zeit über das falsche Thema. Besprechungen müssen vorbereitet werden.
In Besprechungen kann man lernen, Sachargumente gut zu „verkaufen" und aus den Ideen das Brauchbare herauszukristallisieren.	Oft brillieren wortgewandte Rhetoriker, die ihre Argument fix und fertig parat haben und sie gut „verkaufen". Das sind nicht immer diejenigen, die am sachlichsten argumentieren.
Durch Diskussionen gewöhnt man sich daran, daß es auf alle komplexen Fragen mehrere Antworten gibt. Keine davon ist allein seligmachend und keine absolut zu verdammen. „Ich wußte nicht, was ich fragte, bevor ich deine Antwort hörte."	Diskussionen verdeutlichen, daß es mehr als eine Wahrheit gibt: Das macht viele unsicher.
Man kann einen Sport daraus machen, die Ideen der anderen mit den eigenen zu einem neuen Ganzen zu vereinen: These, Antithese —> Synthese	In Besprechungen verzettelt man sich häufig in Details. Selten wird versucht, aus einzelnen Gedanken einen zusammenhängenden größeren Gedanken zusammenzusetzen.
Die Überzeugung, daß jedes Problem (zumindest teilweise) gelöst werden kann, ist nicht nur für	Viele Teilnehmer picken aus 100 Gedanken sofort die 5 heraus, die nicht ganz stichhaltig sind. Die rest-

Pro Besprechungen	*Kontra Besprechungen*
Besprechungen hilfreich. Positive Ergebnisse aus Gruppendiskussionen belegen diese Überzeugungen.	lichen 95 bleiben unbeachtet. Häufig überlegt man, warum etwas nicht geht. Oder man sagt: „das hat ja doch keinen Sinn" und verpaßt dadurch viele Chancen.
Besprechungen sind dazu da, ein optimales Ergebnis zu bringen; nicht ein maximales, das ein für alle Mal gilt.	Der Drang, in Besprechungen alles perfekt und für alle Ewigkeit zu klären, ist zu kostspielig.
Wer an einer Problemlösung mitwirkt, kann seine Ideen beitragen. Außerdem: Er wird engagiert mitwirken, sie zu realisieren.	„Viele Köche verderben den Brei": Ein Manager muß eine Entscheidung herbeiführen und handeln.

Am schlimmsten ist es, wenn keine Besprechung stattfindet, weil niemand merkt, daß es ein Problem gibt!

Einige Gefahren in Besprechungen

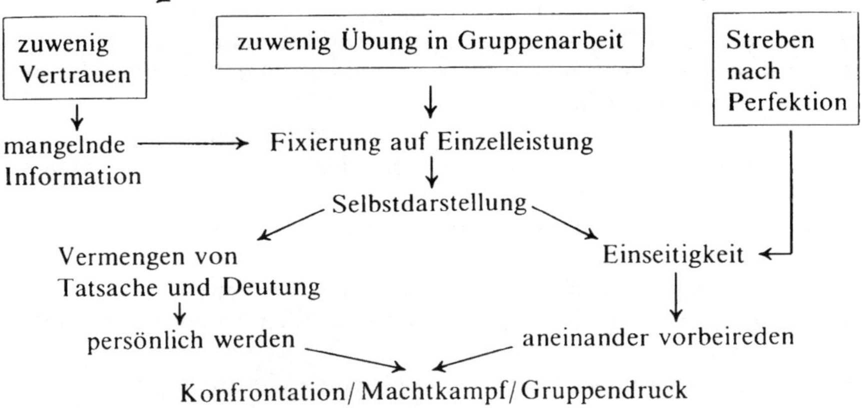

Bis hierher haben wir versucht, die *Problemstellung* dieser Schrift herauszuarbeiten. Sie lautet:

- Wie kann die Zahl der Besprechungen reduziert werden?
- Wie können Besprechungen rationeller und motivierender gestaltet werden?

Außerdem werden Ihnen zum Beispiel die folgenden Fragen beantwortet:

- Was gehört alles zu einer effizienten Besprechungsvorbereitung?
- Welches sind die Anforderungen an einen exzellenten Moderator, der Output und Lebensqualität in Besprechungen wesentlich verbessert?
- Wie führe ich eine Besprechung so, daß sie zum Modell des gewünschten Führungsverhaltens wird?
- Wie kann ich erreichen, daß Besprechungen systematischer ablaufen?
- Wie können Besprechungen in der vereinbarten Zeit zum Ergebnis gebracht werden?
- Wie groß sollte eine Besprechungsgruppe sein?
- Wer soll die Besprechung moderieren und wer das Protokoll übernehmen?
- Wie erreiche ich, daß das Protokoll am Ende der Besprechung abgestimmt ist und von den Teilnehmern mitgenommen werden kann?
- Wie stoppe ich langatmige Redner, ohne daß sie „sauer“ werden?

Unsere Ziele:

Sie werden nach Durcharbeiten dieses Heftes über die Voraussetzungen verfügen, um

- Besprechungen personell, technisch/organisatorisch und inhaltlich besser vorbereiten zu können;
- in kürzerer Zeit Besprechungen zu Ergebnissen zu führen;
- selbst weniger Besprechungen zu veranlassen und an weniger Besprechungen teilzunehmen;
- mehr zu einem guten Besprechungsklima beizutragen;
- Besprechungsergebnisse zu visualisieren und damit zu einer rationellen Protokollführung zu kommen;
- auf störendes Verhalten von Teilnehmern situationsgerecht zu (re-) agieren;
- Besprechungen systematisch in 5 Phasen durchzuführen;
- die für einen erfolgreichen Moderator wesentlichen Lenkungstechniken einzusetzen;
- Besprechungsgruppen gezielt zu beobachten, die Beobachtungsergebnisse auszuwerten und konkrete Folgerungen für Verbesserungen abzuleiten;
- Verhalten in Gruppen als befriedigend und effizient bzw. als unbefriedigend und ineffizient zu erkennen, Gründe dafür zu nennen sowie Verhaltensalternativen vorzuschlagen.

„Lieber Gott, hilf mir, mein großes Maul zu halten – bis ich weiß, worüber ich rede."

(Bischof Dr. Hengsbach)

2. Die Prozedur: Steuern, Beobachten und Analysieren von Besprechungen

Der Begriff Prozedur umfaßt alle Geschehnisse vor, in und nach einer Besprechung, die den Aufbau (die Struktur) und den Verfahrensablauf (das Vorgehen) betreffen. Dazu gehören unter anderem:

- die Vorbereitung einer Besprechung,
- der Aufbau und Ablauf einer Besprechung,
- die sinnvolle Einteilung in Phasen,
- die Reihenfolge der Beiträge,
- der Zeitpunkt und die Dauer der Beiträge (wer soll wann und wie lange sprechen?),
- das Protokoll.

Zusätzlich zur *Prozedur* sind in Besprechungen zu beachten:

- die *Interaktion*, d. h. die Beziehungen zwischen den Teilnehmern, sowie
- der *Inhalt*, d. h.die Beiträge, die zum Problem und zum Ziel geleistet werden.

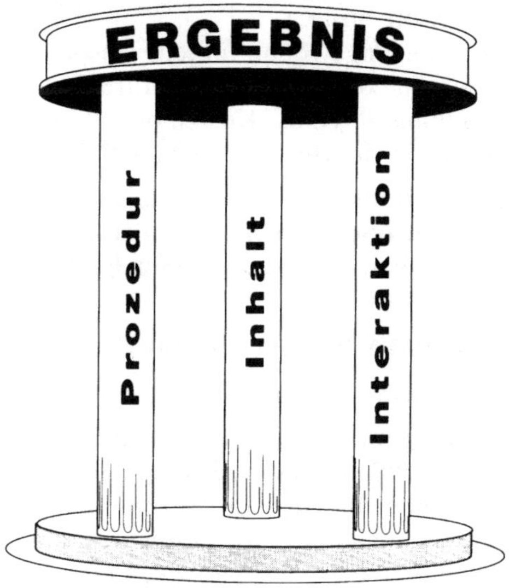

2.1 Vorbereitung einer Besprechung: thematisch, personell, technisch

„Sage mir, wie ein Meeting beginnt, und ich sage dir, wie es endet!"

2.1.1 Prüfliste zur Notwendigkeit einer Besprechung

Fragen Sie sich, bevor Sie eine Besprechung einberufen oder an ihr teilnehmen:

- Ist die Problemstellung für eine Besprechung geeignet?
- Können Sie oder eine andere Person die Entscheidung allein treffen? z. B. würde die Motivation der Beteiligten und Betroffenen darunter leiden? Nutzen Sie bitte als Hilfsmittel die Liste „Wann Einzel-, wann Gruppenentscheidung?" auf der folgenden Seite.
- Kann die Problemstellung in einem Zweiergespräch definiert, analysiert und gelöst werden?
- Liegt zu der Problemstellung eine heute noch gültige und sinnvolle Grundsatzentscheidung vor? Können Sie, einer ihrer Mitarbeiter oder Kollegen darauf aufbauend allein entscheiden?
- Rentiert sich für diese Problemstellung eine Besprechung?
- Handelt es sich um
  - Ideenfindung?
  - Problemlösung?
  - Entscheidung?
  - Koordination?
  - (Information zur Motivation?)
- Haben Sie es sich schon angewöhnt, für jede Besprechung zumindest die Personalkosten zu schätzen? Lassen Sie Ihre Entscheidung für oder gegen eine Besprechung durch die Kosten beeinflussen?
- Was geschieht, wenn Sie die Besprechung ausfallen lassen?

Prüfen Sie also zunächst immer, ob die vorgesehene Besprechung wirklich nötig ist. Wenn Sie zu dem Schluß gekommen sind, daß die Vorteile wirklich überwiegen, dann fragen Sie mit der folgenden Prüfliste weiter.

2.1.2 Prüfliste zur thematischen Vorbereitung

Problemdefinition und Zielformulierung	ja	nein
– Ist die Problemstellung präzise als Frage formuliert? (Diese Frage muß am Ende der Besprechung beantwortet sein. Die üblichen „Themen" einer Tagesordnung sind meist zu dehnbar. Greifen Sie aus Ihrer letzten Besprechung ein Thema heraus. Formulieren Sie dazu präzise Fragen.)		

	ja/nein	
– Ist die Problemstellung in Teilprobleme aufgegliedert? Sind diese als Fragen formuliert? (siehe Abb. auf S. 20)		
– Ist ein Besprechungsziel formuliert? Was soll das genaue Ergebnis der Besprechung sein?		
– Ist das Ziel so formuliert, daß entschieden werden kann, ob es erreicht ist?		
– Ist allen Teilnehmern das Ziel des Projektes klar, zu dem die Besprechung beitragen sollen?		
– Reicht für die Lösung des Problems ein „Steh-Konvent"?		

Wann Einzelentscheidung? : Wann Gruppenentscheidung?

1. Verfügbare Zeit, um das Problem zu lösen und eine Entscheidung zu erreichen

   _____ wenige oder keine : _____ genügend

2. Das Ausmaß absolut erforderlicher Qualität

   _____ niedrig : _____ hoch

3. Die persönlich verfügbare Information, die zur Erreichung einer hohen Entscheidungsqualität nötig ist

   _____ vollständig : _____ unvollständig

4. Das Problem

   _____ einfach und logisch : _____ komplex und unklar

5. Die für Ihre Mitarbeiter verfügbare Information, die zur Erreichung einer hohen Entscheidungsqualität nötig ist

   _____ nicht genug : _____ völlig informiert

6. Das Ausmaß, wonach Partizipation im Entscheidungsprozeß erforderlich ist, um das Engagement Ihrer Mitarbeiter bei der Implementierung zu erwirken.

   _____ nicht erforderlich : _____ erforderlich

7. Der Grad, in dem Ihre persönliche Glaubwürdigkeit Ihre Mitarbeiter während der Implementierung motivieren kann.

   _____ Glaubwürdigkeit vorhanden : _____ Glaubwürdigkeit ist nicht vorhanden oder ungewiß

8. In welchem Ausmaß werden Ihre Mitarbeiter entweder durch das Problem selber oder durch den Lösungsweg und die Entscheidung lernen?

_____ kein Lernwert : _____ großer Lernwert

Sie berufen also eine Besprechung ein, wenn

- Sie über genügend Zeit verfügen,
- die Entscheidungsqualität hoch sein soll,
- Sie persönlich über wenig Informationen verfügen,
- das Problem komplex und unklar ist,
- Ihre Mitarbeiter über alle Informationen verfügen, um an der Besprechung qualifiziert mitwirken zu können,
- Ihre Mitarbeiter nicht ausreichend informiert sind und Sie sie aus Motivationsgründen nicht schriftlich informieren können,
- Ihre persönliche Glaubwürdigkeit Ihre Mitarbeiter motiviert,
- Beteiligung an der Entscheidung erforderlich ist, um das Engagement Ihrer Mitarbeiter bei der Umsetzung der Entscheidung zu erwirken,
- Sie und Ihre Mitarbeiter durch die Fragestellung selbst oder durch den Lösungsweg bzw. die Entscheidung lernen.

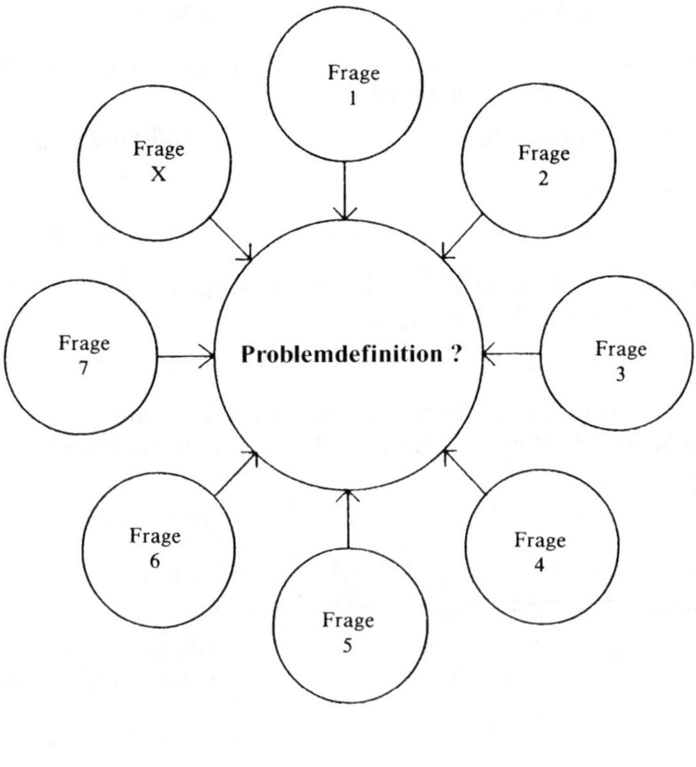

Anregungen für mögliche Besprechungsziele:

Ziel ist es,

- die Ursachen für das Problem zu analysieren,
- die schwerwiegendste Ursache zu bestimmen,
- Lösungsalternativen zu entwickeln,
- die Lösungsalternativen zu gewichten,
- gemeinsam zu entscheiden über…,
- einen detaillierten Aktionsplan zu entwickeln.

Wollen Sie einen Tagesordnungspunkt „Verschiedenes" aufnehmen?

Schlüsseln Sie diesen Punkt auf:
Finden Sie wichtige Problemstellungen, dann formulieren Sie diese als Frage und geben Sie ein Besprechungsziel an. Finden Sie nichts Wichtiges, dann streichen Sie diesen Punkt ersatzlos.

2.1.3 Prüfliste zur personellen Vorbereitung

2.1.3.1 Bestimmen der Teilnehmer

– Wer *kann* zu dem Problem etwas beitragen? – Wer *will* zu dem Problem etwas beitragen?	Siehe hierzu auf S. 22 „Anforderungen an einen „Moderator" „Anforderungen an ein Besprechungsmitglied" auf S. 23, „Aktivitätsverteilung" „Anforderungen an den Protokollführer" (s. Checkliste S. 78)

– Wer von denen, die aus sachlichen und psychologischen Gründen teilnehmen müssen, ist „*schwierig*"?
Wie kann ich mich auf ihn einstellen?
– Habe ich den Teilnehmerkreis auf maximal 9 Personen reduziert?
– Welche Fragen kann (muß) ich in Einzelgesprächen vor der Besprechung klären?
– Ist jeder Teilnehmer (rechtzeitig und vollständig) informiert und motiviert?
– Wissen die Teilnehmer, was sie speziell beitragen sollen?
– Lassen Sie Besprechungen auch einmal durch einen Ihrer Mitarbeiter leiten? (Zu Ihrer Entlastung und zu seiner Entwicklung)
– Hat jeder Teilnehmer zugesagt?

(Quelle: Erhard Dietl / Cartoon-Caricature-Contor München)

Anforderungen an einen Moderator

- Fähigkeit, das Problem in größerem Zusammenhang zu sehen.
- Gemeinsames Erkennen und Formulieren der erreichbaren Ziele.
- Zurückstellen von persönlichen Ambitionen:
  Beachten der eigenen Haltungen und Einstellungen: z. B. nicht den eigenen Leistungsdruck voranstellen. Es ist mitunter viel schwieriger, nichts zu leisten, als etwas zu leisten.
- Die Gruppe und ihre Entwicklung wichtig nehmen – nicht sich selbst –, ohne den Zwang, vor der Gruppe glänzen zu müssen.
- Ruhiges Reagieren auf Unvorhergesehenes.
- Zuhören, wer was wann sagt und was das für die Gruppe bedeutet. Verständnis für unterschiedliche Charaktere: Beachten der einzelnen Personen der Gruppe.
- Beachten der Dynamik der Gruppe und Vorbeugen vor „Verhaltensunfällen".
- Nach Abschluß der Besprechung überdenken dessen, was die Effizienz der Gruppe beeinträchtigt hat: Wie kann es geändert werden?
  Zum Beispiel: War die Problemstellung für die Besprechung geeignet? Warum? Sind wir auf Schein-Wichtigkeit hereingefallen? War in der Besprechung die Qualität der Entscheidung oder die Zustimmung besonders wichtig? Oder beides? Wird die Entscheidung zur Zielerreichung führen?

Anforderungen an ein Besprechungsmitglied

- Kenntnis auf einem oder mehreren Sachgebieten.
- Mindestkenntnisse in verwandten Sachgebieten.
- Objektivität und Unabhängigkeit in der Meinungsbildung.
- Fähigkeit, sich einer Meinung unterzuordnen.
- Mut zur Änderung der eigenen Meinung, Konsensbereitschaft.
- Fähigkeit, kurz, informativ, problembezogen, verständlich und aggressionsfrei zu formulieren: Es ist besser, wenn andere Teilnehmer sich fragen, „Warum hat er nichts gesagt?“ als wenn sie denken, „Warum hat er das überhaupt gesagt?“
- Beiträge zur Prozedur und Interaktion, falls vom Moderator und Protokollführer nicht wahrgenommen.

Aktivitätsverteilung zwischen Moderator und Teilnehmern an Besprechungen (nach *R. Rüttinger*)

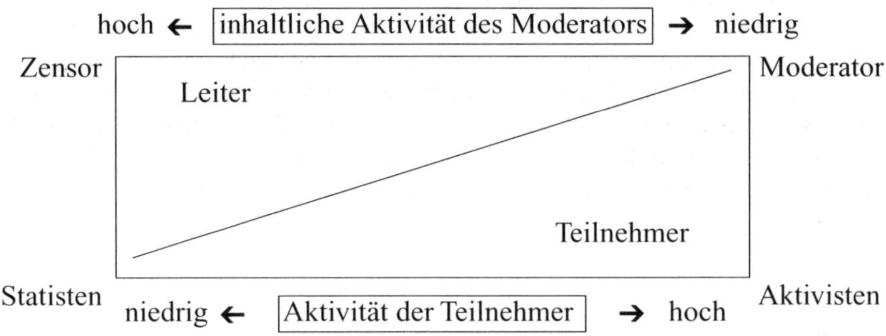

2.1.3.2 Bilden einer Gruppe

a) Wann lohnt sich das Arbeiten in einer Gruppe?

Teamarbeit lohnt sich dann, wenn eine Aufgabe aus einer Anzahl von Einzelbestandteilen zusammengesetzt ist und sich die Fähigkeiten der Teilnehmer gegenseitig ergänzen.

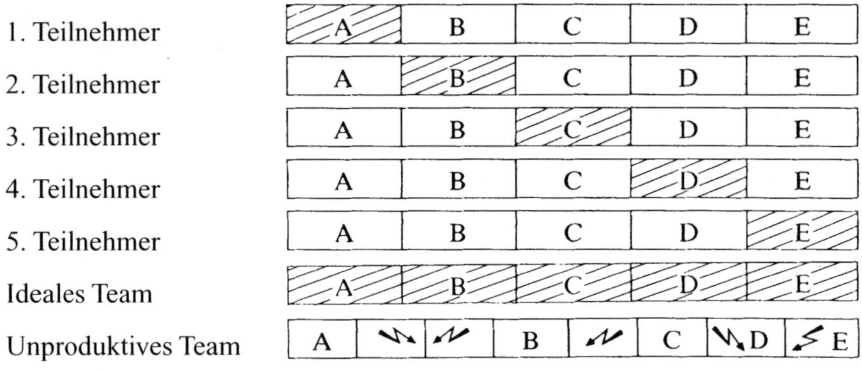

Reibungsverluste durch das Verhalten der Teilnehmer behindern die Konzentration auf Problemstellung und Zielsetzung. Reibungsverluste entstehen unter anderem durch negative Bewertung von Sachbeiträgen: Dadurch wird nicht nur der Sachbeitrag angegriffen, sondern auch die Selbstdarstellung der Person. Als Folge davon geht der Anteil der Sachbeiträge zurück, und die Selbstdarstellung der Teilnehmer tritt in den Vordergrund. *Dieter Hildebrandt:* „Der Lieblingssport der Deutschen ist das Sich-in-die-Brust-werfen."

b) Gruppengröße

5–9 Personen sind optimal.

Die Nachteile anderer Gruppierungen (nach *H. U. Baumberger,* S. 15):

- Bei 2 Personen gibt es keine eigentliche Mehrheit. Sie neigen dazu, die Probleme zu behutsam aufzufassen oder zu polarisieren. Es besteht häufig starke Spannung.
- Bei 3 Personen verbinden sich oft 2 gegen einen. Der einzelne wird verunsichert, weil er die Isolierung fürchtet.
- Bei Vierergruppen – wie bei allen Gruppen mit gerader Mitgliederzahl – findet sich unter Umständen keine Mehrheit.
- Mehr als 10 Personen neigen dazu, sich in Cliquen aufzuspalten. Der einzelne fühlt sich weniger verantwortlich.

c) Merkmale einer guten Gruppe

- Gute zwischenmenschliche Beziehungen,
- Vertrauen in den Moderator,
- Vertrauen in die Erreichbarkeit des Gruppenzieles trotz manchem Dissens,
- Kooperation und aktive Teilnahme,
- Tolerieren von Rahmenbedingungen, die die Gruppe nicht ändern kann.

Eine gute Gruppe wird unter anderem charakterisiert durch Vertrauen in den Moderator, der ein Gefühl der Sicherheit schafft.

(Quelle: Oswald Huber / Cartoon-Caricature-Contor München)

d) Vier Reifestadien einer Gruppe

1. Schaffen von Sicherheit in bezug auf Problemdefinition und Zielformulierung	= Forming
↓	↓
2. Schaffen eines Sicherheitsgefühls im gegenseitigen Vertrauen durch aktive Konfliktbewältigung (die Gruppe sucht sich) Entwickeln der Teilnahme	= Storming
↓	↓
3. Die Gruppe schafft sich eine Struktur, organisiert sich	= Norming
↓	↓
4. Selbstregulierung der Gruppenfunktionen	= Performing

Die Selbstregelung der Mitarbeiter in einer Gruppe funktioniert am besten, wenn

- die Grundauffassungen nicht zu weit auseinander liegen,
- keine Antipathien zwischen den Beteiligten bestehen,
- Beteiligte nicht für Einzelleistungen belohnt werden,
- alle sich von den anderen akzeptiert fühlen,
- alle sich selbst akzeptieren (nach *M. Rüdenauer*, Kissing 1982).

e) Regeln für offene Kommunikation in Gruppen
(nach *R. Cohn*)

Übergeben Sie jedem Teilnehmer eine Kopie dieser Regeln!

- Jeder ist für sich selbst verantwortlich.
  Jeder hat die Verantwortung dafür, wie er mit anderen Menschen umgeht.
- Sprechen Sie nicht per „man“ oder „wir“, sondern per „ich“.
  Hinter „Man“- oder „Wir“-Formulierungen können Sie sich leicht verstecken. Zeigen Sie sich als Person und übernehmen Sie die Verantwortung für das, was Sie sagen. Sprechen Sie nicht für andere mit, von denen Sie gar nicht wissen, ob sie das wünschen.
- Leiten Sie Fragen dadurch ein, daß Sie erklären, was diese für Sie bedeuten.

  Fragen sind oft eine Methode, um seine eigene Meinung zu verstecken. Bei dieser Gelegenheit kann man dann auch andere gut in die Enge treiben! Äußern Sie lieber Ihre eigene Meinung – vielleicht schließen sich andere an! Und wenn Sie Fragen stellen, begründen Sie, warum Sie sie stellen.

- Wenn mehrere gleichzeitig sprechen: „Stimmengewirr wird nicht einheitlicher, wenn noch mehr reden“ *(Joh. Rau):*
  Einigen Sie sich über den Gesprächsverlauf. Vermeiden Sie „Seitengespräche“. Vielleicht ist das, was Sie zu sagen haben, auch für die anderen sehr wichtig.
- Behandeln Sie Gesprächsstörungen vorrangig.
  Sagen Sie offen, wenn Sie sich auf Gespräche nicht konzentrieren können – z. B. wenn Sie gelangweilt, ärgerlich, unzufrieden oder vom Gefühl her aus irgendeinem anderen Grund mit anderen Dingen beschäftigt sind.
- Vermeiden Sie die Interpretation anderer, teilen Sie statt dessen lieber Ihre persönliche Wahrnehmung mit.
  Wenn das Verhalten eines Gesprächspartners bei Ihnen angenehme oder unangenehme Gefühle auslöst, teilen Sie es möglichst sofort mit. Teilen Sie dem anderen aber nicht Ihre Interpretation mit („So sind Sie!“), sondern Ihre Wahrnehmung („In den letzten 7 Minuten konnte ich dreimal nicht zu Ende sprechen“).
- Richten Sie Aussagen nicht an die Gruppe, sondern immer an bestimmte Personen.
  Sprechen Sie nicht über einen Dritten zu einem anderen, sprechen Sie nicht allgemein zu einer ganzen Gruppe, wenn Sie einen bestimmten Teilnehmer meinen. Sagen Sie immer einer bestimmten Person, was Sie mitteilen wollen.

2.1.4 Prüfliste zur technischen Vorbereitung: Einladung, Raum

Da zu den banal klingenden – nichtsdestoweniger aber wichtigen – Aspekten der technischen Vorbereitung eine große Zahl von Check-Listen kursiert, soll hier nur auf wenige Details hingewiesen werden. (Über ausführliche Check-Listen verfügen zum Beispiel die großen Tagungshotels.)

Die Einladung enthält:

- Ort, Datum, Beginn und Ende der Besprechung (absolute Zeitgrenzen)
- Art der Besprechung (zum Beispiel: Ideenfindung, Problemlösung, Entscheidung, Koordination), Tagesordnung mit Vorschlag zu (Teil-)Problemen und (Teil-)Zielen sowie Vorschlag für Zeiteinteilung
- Moderator, Teilnehmer, zeitweise teilnehmende Informanten, Protokollführer
- Hinweis auf Unterlagen, die vorzubereiten oder mitzubringen sind (z. B.: Bitte, das Protokoll der letzten Besprechung durchzulesen und zu prüfen, ob die vereinbarten Ziele erreicht wurden, siehe S. 77 ff.).
- Raum: Details hierzu finden Sie im Abschnitt über Visualisierung (S. 61 ff.).

2.2 Aufbau und Ablauf einer Besprechung

2.2.1 Die fünf Phasen einer Besprechung

Für Aufbau und Ablauf von (Problemlösungs-)Besprechungen hat sich eine Kurzfassung des Problemlösungsprozesses durchgesetzt. Sie besteht aus 5 Phasen:

1. Phase: Problemdefinition (Wo stehen wir? Wo tut's weh?)
2. Phase: Zielformulierung (Was wollen wir erreichen/bewirken?)
3. Phase: Ursachenanalyse (Woran liegt es? Warum tut's weh?)
4. Phase: Sammeln und Bewerten der Lösungsvorschläge
(Welche Wege gibt es? Wie sind sie zu gewichten?)
5. Phase: Entschlußfassung, Aktionsplan
(Wie haben wir uns entschieden? Welchen Weg werden wir jetzt einschlagen? Die nächsten Schritte sind...Wer tut was mit wem bis wann?)

1. und 2. Phase: Problemdefinition und Zielformulierung

In diesen Phasen überprüft die Gruppe gemeinsam die in der Tagesordnung vorgeschlagenen Probleme und Ziele. (Eine erste Abklärung darüber ist vor der eigentlichen Besprechung sinnvoll.) So kann sich die Gruppe in diesen Phasen ihr gemeinsames Interesse verdeutlichen und die Wirklichkeit der einzelnen Problemkreise abklären. Am Ende dieser Phasen ist sich die Gruppe über Probleme und Ziel der Besprechung einig.

Wichtig: Zu Beginn der 1. Phase sind die Fragen der Teilnehmer entscheidend. Damit wird Verantwortung übernommen, und außerdem enthält jede präzise und konkret formulierte Frage schon Antwort-Potential. Zusätzlich sind treffende Fragen ein Zeichen für gute Vorbereitung der Teilnehmer: „Ich muß viele Informationen verarbeitet haben, um nach dem fragen zu können, was ich nicht weiß!"

So sehen Problemdefinition und Zielformulierung *zu Beginn* der *1. und 2. Phase* aus:

Die Problemdefinition ist vieldeutig

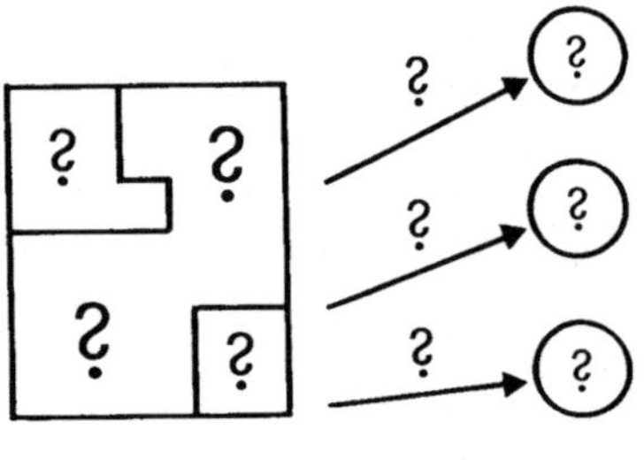

Die möglichen Ziele sind zwar durch die Vorbereitung eingegrenzt, die Gruppe muß sich aber noch entgültig einigen

So sehen Problemdefinition und Zielformulierung am Ende der *1. und 2. Phase* aus:

Die Problemdefinition ist jedem vollständig klar: Eine eindeutige Frage ist formuliert

Die Gruppe hat sich auf ein Besprechungs- und ein Projektziel geeinigt

(Nach *W. O. Wegenstein*, S. 10–18)

Sie haben die Problemdefinition und Zielformulierung positiv abgeschlossen, wenn Sie die folgenden Fragen mit ja beantworten:

- Ist das Problem/Ziel so formuliert, daß alle Teilnehmer damit übereinstimmen und alle es lösen bzw. erreichen wollen? ja/nein
- Ist das Ziel der Besprechung erreichbar? ja/nein
- Können Sie am Ende der Besprechung prüfen, ob Sie das Problem gelöst/das Ziel erreicht haben? ja/nein
- Werden alle Teilnehmer sich dafür einsetzen, die Ergebnisse der Besprechung in der Praxis zu realisieren? ja/nein

3. Phase: Ursachenanalyse

Der Problemträger wird immer wieder gefragt:
- Wodurch entstand das Problem?
- Wann wurde das Problem akut?
- Worauf kommt es besonders an?
- Welche Folgen könnte das Problem nach sich ziehen?

Am Ende dieser Phase sind die Ursachen für das Problem aufgelistet. Die wichtigste Ursache ist markiert.

Als Übergang zur nächsten Phase eignet sich die Frage:
Wurde schon versucht, das Problem zu lösen? Wodurch?

4. Phase: Sammeln und Bewerten von Lösungsvorschlägen

Damit originelle Ideen nicht „getötet“ werden, trennen erfahrene Gruppen die Teilschritte Sammeln und Bewerten voneinander:

Lösungsvorschläge sammeln → ergänzen und ordnen → bewerten

„Grünphase“: alle Vorschläge werden durchgelassen und notiert.

„Rotphase“: die Vorschläge werden kritisch auf Realisierbarkeit beleuchtet.

So sieht es nach dem *Sammeln* der Lösungsvorschläge aus:

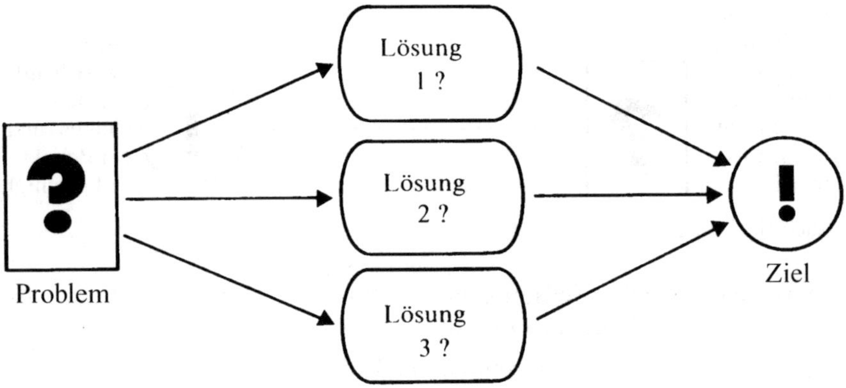

Fragen Sie beim Bewerten der Lösungsvorschläge:

- Was ist der Nutzwert eines jeden Lösungsvorschlags?
- Ist jeder Lösungsvorschlag auf seine Konsequenzen überprüft worden? ja/nein
- Sind die potentiellen Probleme zusammengetragen, ist der Risikowert der einzelnen Vorschläge ermittelt worden? ja/nein

So sieht es nach dem *Bewerten* der Lösungsvorschläge aus:

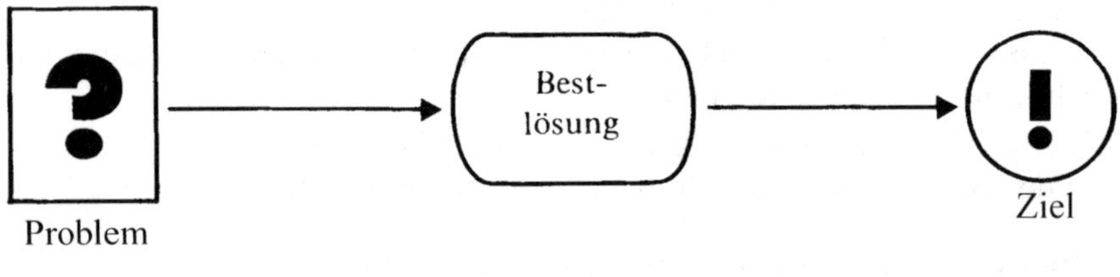

Entscheidend für die Effizienz der Bewertung ist es, daß die Gruppe sich in der 2. Phase (Zielformulierung) auf eindeutige Bewertungsmaßstäbe z. B. für Qualität, Quantität, Termin, Kosten geeinigt hat. Nur dann können die Lösungsvorschläge schlüssig bewertet werden.

Eindeutige Bewertungsmaßstäbe sind ebenfalls eine Voraussetzung für die 5. Phase.

5. Phase: Entschlußfassung/Aktionsplan

Ist der bisherige Problemlösungsprozeß systematisch durchlaufen worden? Dann ist die Entschlußfassung fast nur noch ein formaler Akt.

Folgende Fragen sind zu klären:

- Wird der Entschluß von der gesamten Gruppe getragen? ja/nein
- Können sich auch Minoritäten mit ihm identifizieren? ja/nein
- Entspricht das Ergebnis dem vereinbarten Besprechungsziel? ja/nein
- Führt es zum Erreichen des Projektziels? ja/nein
- Ist das Problem gelöst? ja/nein
- Ist die Fragestellung wirklich beantwortet? ja/nein
  Daß dies nicht so selbstverständlich ist, wie es scheint, wird an einer Aussage von *R. E. Breuer* deutlich: „In unserem Hause hat man nicht gelernt, daß man auf eine Frage eine Antwort gibt."

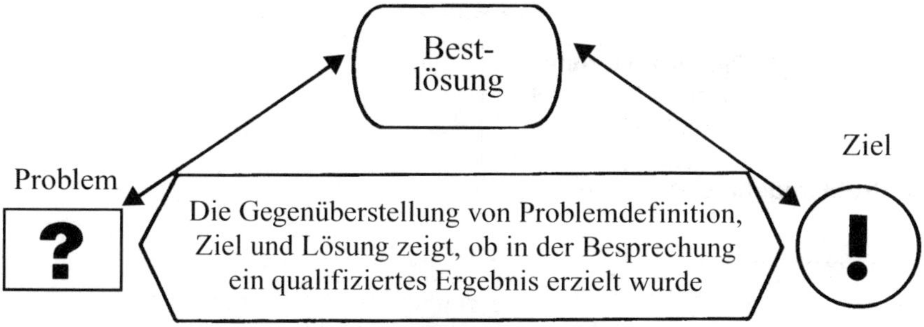

- Wie ist der Entschluß zu realisieren?
- Wie sieht der Aktionsplan aus?
- Termin? (Anfang, Ende)
- Wer ist verantwortlich?
- Welche Kosten?
- Wer außer den Besprechungsteilnehmern soll das Protokoll noch erhalten?
- Welche Fragen sind offen? sind neu zu formulieren?
- Wann werden sie besprochen?

Über alle 5 Phasen hinweg ist zu beachten, daß der *Zeitaufwand* nicht größer ist, als in der Einladung angegeben. Die optimale Dauer: 60–90 Minuten. Treffen Sie sich lieber mehrmals, als in Mammutbesprechungen die Effizienz zu gefährden. Rigoros sind beispielsweise die Bräuche beim britischen Papierhersteller Bowater Corporation Ltd.: „Dort darf keine Konferenz länger als 20 Minuten dauern."

Prüfen Sie während der Besprechung, ob es Ihnen gelingt, Ihr Zeitraster einzuhalten. Wenn Sie davon abweichen, verständigen Sie die Gruppe.

Klären Sie, wie Sie weiter vorgehen wollen. Regelmäßige Hinweise durch den Protokollführer auf das bisher visualisierte Protokoll helfen Ihnen, den Zeitablauf zu kontrollieren.

Prüfen Sie, ob es bei Ihrer Problemstellung sinnvoll ist, die Zeit prozentual so einzuteilen:

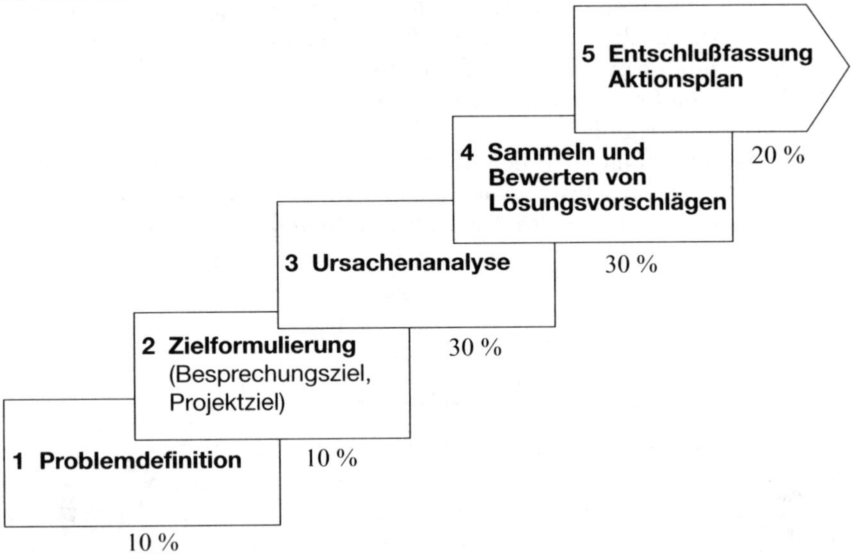

Moderationstechnik in den 5 Phasen:	mehr gelenkt: Führen durch Fragen	mehr gelenkt: Führen durch Fragen	mehr ungelenkt: Sammeln der Ursachen oder Lösungen, Frage- und Kreativitätstechniken mehr gelenkt: Ordnen, Gewichten der Ursachen oder Lösungen, Frage- und Entscheidungstechniken	mehr gelenkt: Frage- und Entscheidungstechniken

Investieren Sie genügend Zeit in die Vorbereitung einer Besprechung. Das ist besser, als wenn Sie diese Zeit „zur Rettung“ einer Besprechung benötigen. Denn:

- Ohne eindeutige Problemdefinition und ohne gemeinsames Ziel läuft die Gruppe Gefahr, den „roten Faden“ zu verlieren. Am Ende der Besprechung wird sie unzufrieden feststellen, daß das Problem nicht geklärt, das Ziel nicht oder nicht vollständig und sinnvoll erreicht wurde.

Ein drastisches Beispiel für ungenügende Problemdefinition und Zielformulierung findet sich in einer Geschichte von *Peter Hacks*:

„Ein Hase saust in tödlicher Angst über die Felder. Ein zweiter Hase schließt sich ihm an. Nach ein paar hundert Meilen fragt er: ‚Übrigens, wovor fliehen wir eigentlich?‘

‚Sie haben‘, entgegnet der erste Hase, ‚ein Gesetz erlassen, demzufolge allen Hasen das 5. Bein abgesägt wird‘. ‚Wenn das so ist…‘, sagt der zweite Hase, ‚aber wir haben doch nur 4 Beine‘. – ‚Du kennst sie nicht‘, sagt der erste: ‚erst sägen sie, dann zählen sie‘."

– Ohne ausführliche Ursachenanalyse werden die Ursachen nicht genau identifiziert und herausgestellt.

  Die Folge: Die Lösungsvorschläge werden nicht gezielt im Hinblick auf die wichtigsten Ursachen gesammelt und bewertet. Es wird manches produziert, was nicht spezifisch die Ursache behandelt.

– Liefert erst einmal die Diagnose (die Problemanalyse) detaillierte Ansätze, dann finden sich rasch die Therapievorschläge (das Sammeln und Bewerten der Lösungsvorschläge).

Wenn die Lösungsvorschläge ursachenspezifisch gesammelt und gewichtet wurden, dann kann sich die Entschlußfassung auf die abschließende Einigung und das Festhalten des Ergebnisses beschränken.

Fassen wir die Bedingungen für eine erfolgreiche Besprechung zusammen:

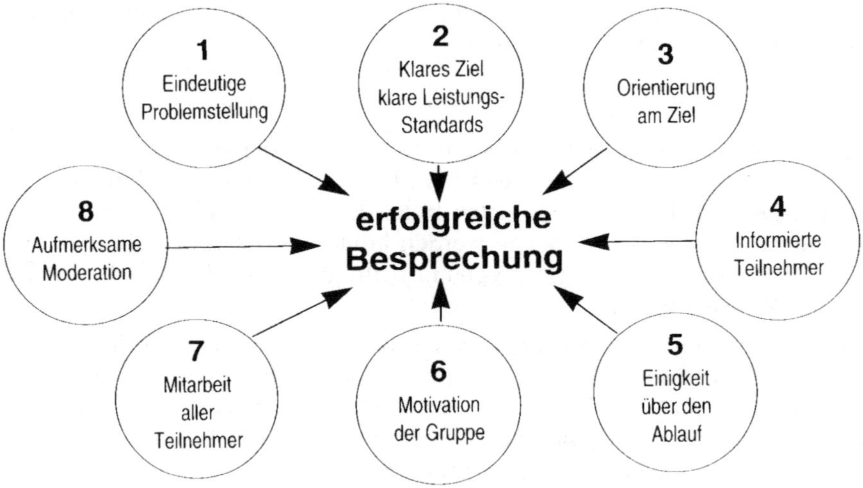

2.2.2 Methoden zur Analyse des Aufbaus und Ablaufs von Besprechungen

Wie können Sie sich selbst und ihre Gruppe darin trainieren, Aufbau und Ablauf einer Besprechung konsequent zu beobachten und zu beachten?

Einige einfache Methoden können dabei helfen. Betrachten Sie sie als eine „Hilfe zur Selbsthilfe". Wenn Sie glauben, die Methoden könnten Ihnen nützen, kopieren Sie die entsprechenden Formblätter aus diesem Heft. Bitten Sie einen Ihrer Mitarbeiter oder Ihre Sekretärin bei der nächsten Besprechung darum, die Geschehnisse aufzuzeichnen. Nehmen Sie sich nicht zu viel auf einmal vor: Bilden Sie Schwerpunkte.

Informieren Sie die anderen Teilnehmer und bitten Sie sie um ihr Einverständnis.

Planen Sie nach der Besprechung eine halbe Stunde ein, um über die Aufzeichnungen zu diskutieren. Ziehen Sie *gemeinsam* mit den anderen Teilnehmern *Schlußfolgerungen*. Nutzen Sie dazu auch den Fragebogen auf S. 35.

Welche Punkte sollten besonders beachtet werden?

- das Einhalten der 5 Phasen einer Besprechung (S. 32)
- die individuelle Redezeit (S. 41 und 44)
- die Häufigkeit und Verteilung von Wortmeldungen (S. 42 und 44)
- die Zahl der Unterbrechungen (S. 42)
- die nicht berücksichtigten Wortmeldungen (S. 45)
- Durcheinander-Reden verschiedener Teilnehmer (S. 45)

Die folgenden Methoden sind – basierend auf Anregungen des Trainingszentrums der Ford-Werke AG, Köln, sowie des Nederlands Paedagogisch Instituut, Zeist – entwickelt worden.

2.2.2.1 Das Einhalten der fünf Phasen einer Besprechung

Sicherlich werden Sie selbst oder einer Ihrer Mitarbeiter etwas üben müssen, um bestimmen zu können, welcher Phase der Beitrag eines Teilnehmers zuzuordnen ist. Beachten Sie dabei bitte, daß in einer Wortmeldung verschiedene Phasen angesprochen werden können. So kann ein Teilnehmer zur Zielformulierung der Besprechung beitragen und außerdem Ursachen für das Problem nennen.

Beachten Sie bitte bei der Verwendung des Fragebogens, daß die Fragen sowohl zur Beobachtung des gesamten Gruppe als auch einzelner Teilnehmer geeignet sind. So kann zum Beispiel die 1. Frage lauten: „Ist sich die Gruppe über die vorliegende Frage im klaren?" oder „Ist sich der Teilnehmer X über die vorliegende Frage im klaren?"

Fragebogen zum Beobachten der 5 Phasen einer Besprechung

Vorbemerkung:

Beantworten Sie die Fragen nicht nur mit ja oder nein.
Notieren Sie alle Beobachtungen, die Ihnen wichtig erscheinen.
Nehmen Sie die Fragen nur als Ausgangspunkt.
Entwickeln Sie zusätzliche Fragen.
Letztlich kommt es weniger darauf an, die Fragen zu beantworten, als der Gruppe bzw. dem einzelnen Teilnehmer ein treffendes Feedback zu geben.
Stellen Sie sich bitte darauf ein, daß die Gruppe/der einzelne Teilnehmer Sie fragt: „Woran hat es sich gezeigt?"
Beobachten Sie bitte die Gruppe/den einzelnen Teilnehmer unter den folgenden Fragestellungen:

1. und 2. Phase: Problemdefinition und Zielformulierung

1. Ist sich die Gruppe/der Teilnehmer über das Problem im klaren? Oder gibt es verschiedene Vorstellungen vom Problem? Woran zeigt sich das? Ist das Problem als Frage visualisiert?
2. Hält die Gruppe/der Teilnehmer die Frage für wichtig?
3. Sind alle Teilnehmer bereit, an der Lösung des Problems mitzuarbeiten?
4. Ist die Gruppe/der Teilnehmer überzeugt, daß dieses Problem gelöst werden kann?
5. Ist sich die Gruppe/der Teilnehmer über Besprechungs- und Projektziel einig? Sind Besprechungs- und Projektziel visualisiert?
6. Hat die Gruppe definiert (der Teilnehmer dazu beigetragen), welchen Leistungsstandards das Ergebnis der Besprechung/des Projekts genügen muß (wie gut das Ergebnis sein muß)?

3. Phase: Ursachenanalyse

1. Ist sich die Gruppe darüber im klaren, wie und in welchem Zusammenhang das Problem entstanden ist? Was die Ursachen sind? Was ist die „Geschichte" des Problems?
2. Fehlen der Gruppe wichtige Informationen? Können sie beschafft werden? Wie weiß sich die Gruppe zu helfen?
3. Wie geht die Gruppe bei der Suche nach den Ursachen und bei deren Gewichtung vor? (Kartenabfrage)

4. Phase: Sammeln und Bewerten von Lösungsvorschlägen

1. Wie erarbeitet die Gruppe Lösungsvorschläge? (Kartenabfrage)
2. Bezieht sich die Gruppe immer wieder auf Leistungsstandards, denen die Lösung genügen muß?

3. Werden Vorschläge angeboten?
   Werden diese Vorschläge von den anderen Teilnehmern aufgegriffen und verfolgt?
4. Müssen noch neue Informationen beschafft werden, um Lösungen zu entwickeln und zu bewerten?
5. Entsprechen die endgültigen Vorschläge den Ursachen und den definierten Zielen/Leistungsstandards?
6. Untersucht die Gruppe die Lösungsvorschläge auf mögliche Risiken?

5. Phase: Entschlußfassung und Aktionsplan

1. Faßt die Gruppe einen eindeutigen und realisierbaren Entschluß?
   Ist dieser anhand der Leistungsstandards, denen das Ergebnis der Besprechung genügen muß, kontrollierbar?
2. Bejaht jeder Teilnehmer den Entschluß?
   Wieviele Teilnehmer (schätzen Sie) sind mit dem Entschluß einverstanden? (Siehe „Formen der Entschlußfassung" auf S. 38).
   Was ist daher zu tun?
3. Sind mögliche Konsequenzen des Entschlusses bedacht worden?
4. Sucht die Gruppe/der Teilnehmer Lösungen für ähnliche Probleme?
5. Ist die Entscheidung/sind die Aktionen so formuliert, daß die Verantwortlichen (sind sie benannt?) sie sofort realisieren?
6. Wie wurden die Entschlüsse herbeigeführt?
   – durch Mehrheitsbeschlüsse (Majorisierung der Minderheit)?
   – durch Ringen um einen Konsens?
   – Hat sich die Gruppe der Entscheidung eines Gruppenmitglieds gefügt?
   – durch Nivellierung?

Am gefährlichsten für Kreativität und Innovation ist eine rücksichtslose Majorisierung, das Überstimmen der Minderheit

(Quelle: Erhard Dietl/Cartoon-Caricature-Contor München)

Verwenden Sie die 5 Phasen systematisch als „roten Faden" durch Ihre Besprechungen. So vermeiden Sie es, Spiele statt Problembehandlung zu veranstalten.

Spiele statt Problembehandlung

– „echte Probleme"	statt	Scheinprobleme
↓		↓
– systematische Ursachenanalyse	statt	ungeprüfte Vermutungen über Ursachen
↓		↓
– problemgerechte Alternativen	statt	{ Beschränkung auf „erlaubte" Alternativen Ausklammern von Alternativen „unfaire" Alternativen
↓		↓
– realisierbare Lösungen	statt	Scheinlösungen

Formen der Entschlußfassung (nach *R. Ruddies*)

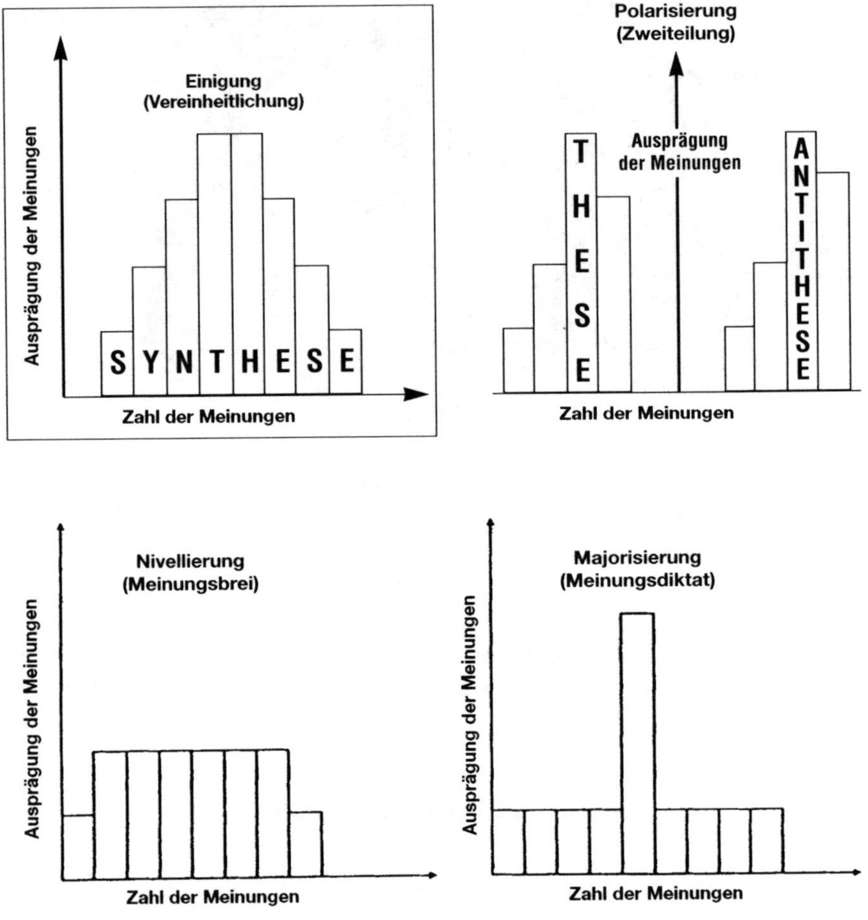

Hier nun zwei Beispiele, um das Vorgehen zu verdeutlichen: „Quantitatives Erfassen verschiedener Tätigkeiten im Zeitablauf einer Besprechung“

1. Beispiel: Idealablauf (in der Praxis kaum realisierbar)
Charakteristisch: treppenförmiger Verlauf

Phase	Tätigkeiten	Zeitablauf
5. Phase	Zusammenfassung	X
	Entschlußfassung	XX
4. Phase	Zusammenfassung	X
	Gewichten der Lösungsvorschläge	XXXXXX
	Lösungsvorschläge	XXXXX
3. Phase	Zusammenfassung	X
	Gewichten der Ursachen	XXX
	Problemanalyse	XXX
2. Phase	Zusammenfassung	X
	Zielformulierung	XXXX
1. Phase	Zusammenfassung	X
	Problemdefinition	XX

2. Beispiel: „Live“-Aufnahme (verkürzt)
Charakteristisch: Verlauf in Form einer „Fieberkurve“

Phase	Tätigkeiten	Zeitablauf
5. Phase	Zusammenfassung	X
	Entschlußfassung	XX
4. Phase	Zusammenfassung	X
	Gewichten der Lösungsvorschläge	XX X X X
	Lösungsvorschläge	X X X X
3. Phase	Zusammenfassung	X
	Gewichten der Ursachen	X X X XXX
	Problemanalyse	X X XXX XXX XX
2. Phase	Zusammenfassung	X
	Zielformulierung	X
1. Phase	Zusammenfassung	X
	Problemdefinition	X XXX

Die Zusammenfassung einer jeden Phase findet sich bei „schlanker“ Protokollführung im auf Flip-Chart visualisierten On-line-Protokoll, das synchron mit dem Ablauf der Besprechung erstellt wird. Die Zusammenfassung muß also nicht mehr vom Protokollführer vorgetragen werden.

Beobachtungsblatt: Quantitatives Erfassen von Tätigkeiten im Zeitablauf einer Problemlösungsbesprechung

Fragen Sie sich bei jedem einzelnen Beitrag: Hat der Teilnehmer gerade etwas beigetragen zur Problemdefinition, zur Zielformulierung, zur Ursachenanalyse, zu den Lösungsvorschlägen oder zur Entschlußfassung? Oder hat er zu einer der 5 Phasen zusammengefaßt? Tragen Sie unter „Zeitablauf" in der entsprechenden Zeile ein „x" ein. Wenn Sie am Ende der Beobachtung Ihre „x" verbinden, erhalten sie eine „Fieberkurve". Sie zeigt, inwieweit es der Gruppe gelungen ist, die 5 Phasen konsequent zu durchlaufen.

Phase	Tätigkeiten	——► Zeitablauf ——►
5. Phase	Zusammenfassung	
	Entschlußfassung	
4. Phase	Zusammenfassung	
	Vorschlagsgewichtung	
	Lösungsvorschläge	
3. Phase	Zusammenfassung	
	Ursachengewichtung	
	Ursachenanalyse	
2. Phase	Zusammenfassung	
	Zielformulierung	
1. Phase	Zusammenfassung	
	Problemdefinition	

Zur Interpretation des 2. Beispiels (S. 39):

Charakteristisch für viele Besprechungen ist es, daß die *1. und 2. Phase vernachlässigt* werden. Das zeigt sich in unserem Beispiel auch daran, daß wesentlich später nochmals drei Beiträge zur Problemdefinition gebracht werden.

Unmittelbar nach der 1. Phase produziert einer der Teilnehmer spontan einen Lösungsvorschlag. Die Gruppe hält sich kurz mit der Gewichtung auf und geht dann in die Phase der Ursachenanalyse zurück. Die Beiträge werden teilweise sofort gewichtet.

Dies kann gefährlich sein, da unter Umständen Beiträge „gekillt" werden. Nach einem erneuten Ausflug in die 3. Phase bleibt man einige Zeit in dieser Phase. Die Gruppe merkt, daß das Problem nicht ausreichend definiert wurde. Dies wird nachgeholt. In der 4. Phase wird gegen die Forderung verstoßen, daß Lösungsvorschläge erst gesammelt und später gewichtet werden sollen. Positiv sind mehrere Zusammenfassungen zu werten.

Die bisher vorgestellten Methoden (Fragebogen, Beobachtungsblatt) können Ihnen helfen, sich selbst und andere Teilnehmer an Besprechungen im Einhalten der 5 Phasen zu trainieren.

Nun zu weiteren Aspekten in Besprechungen, die es sich lohnt zu beobachten:

2.2.2.2 Die individuelle Redezeit

Halten Sie in Sekunden fest, wie lange jeder Teilnehmer redet. (Formblatt S. 44 oben). Errechnen Sie die Gesamtredezeit jedes einzelnen Teilnehmers absolut und relativ zu den anderen Teilnehmern. Erstellen Sie eine „Rangliste“. (Das Formular auf S. 44 kann Ihnen helfen.) Verwenden Sie möglichst keine Stoppuhr: Die Geräusche können irritieren. Eine Uhr mit großem Sekundenzeiger tut es auch. Es kommt hier nicht auf absolute Genauigkeit an. Sie können davon ausgehen, daß sich eventuelle Meßfehler etwa gleich verteilen. Damit stimmen die Relationen zwischen den Teilnehmern. Und darauf kommt es vor allem an. Sie werden feststellen, daß die *Redezeit ungleichmäßig verteilt* ist:

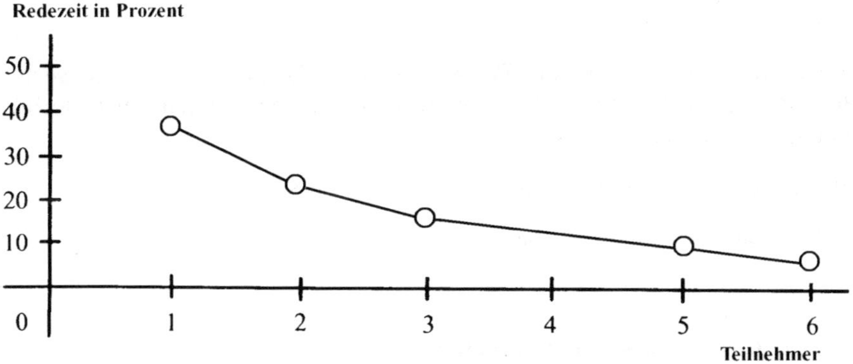

Folgt Teilnehmer 1 vielleicht der Aussage von *Wilhelm Busch*? „Gerade wenn man nichts versteht, der Schnabel desto leichter geht.“ Und gilt für Teilnehmer 6 „Willst du klug und weise walten, lerne es den Mund zu halten!“

Die Verteilung der Redezeit kann Sie veranlassen, Dominanz- und Minoritätenprobleme in der Gruppe zu diskutieren. Wie kam es dazu? Was sind die Folgen?

Eine solche Diskussion läßt sich zusätzlich absichern durch:

2.2.2.3 Die Häufigkeit und Verteilung von Wortmeldungen

In das Formular „Häufigkeit und Verteilung der Wortmeldungen" auf S. 44 tragen Sie zunächst die Namen der Teilnehmer ein. Mit der Eröffnung der Besprechung machen Sie in das oberste Kästchen dessen, der die Besprechung eröffnet, einen dicken Querstrich. Der 2. Sprecher erhält in das 2. Kästchen unter seinem Namen einen Querstrich etc. In 5-Minuten-Abständen notieren Sie die Zeit in der Spalte ganz links: So können Sie nachvollziehen, wann wer gesprochen hat. (Ein *Beispiel* für eine Aufzeichnung finden Sie auf S. 45).

Geübte Beobachter markieren nicht nur jede *Wortmeldung* durch einen dicken Querstrich; sie stoppen die *Redezeit* in Sekunden und tragen diese statt des Querstrichs ein. So braucht – wenn wenig Beobachter verfügbar sind – das Formblatt „absolute und relative Redezeit..." (S. 44 oben) nicht separat ausgefüllt zu werden.

2.2.2.4 Die Zahl der Unterbrechungen

Hier wird festgehalten,

- wer
- wie häufig
- wen unterbricht.

Registrieren Sie dies, indem Sie in das Formular „Häufigkeit und Verteilung der Wortmeldungen" dem Unterbrechenden ein U (steht für Unterbrechung) in sein Kästchen setzen.

Wenn sich die Unterbrechungen häufen, prüfen Sie:

- Wer hat zuerst unterbrochen?

  . . . .

  . . . .

- Wie drastisch wurde unterbrochen?

  . . . .

  . . . .

- Wie wurde auf Unterbrechungen durch den Betroffenen/die Gruppe reagiert?

  . . . .

  . . . .

- Hat sich die Frustration durch eine Unterbrechung darin geäußert, daß sich der Unterbrochene zurückgezogen hat, sich nicht mehr zu Wort gemeldet hat (Resignation) oder durch „Körpersprache“ Ärger und Aggression signalisiert hat?

. . . .

. . . .

9 Kennzeichen schlechter (negativer) Interaktion:

- persönlich kritisieren
- nicht ausreden lassen
- aneinander vorbeireden
- Majorisieren
- Monologe halten
- „Haare spalten“
- vor einem Problem fliehen (z. B. vertagen)
- unbewiesene Behauptungen aufstellen (bluffen)
- Einzelfälle verallgemeinern

Je weniger ein Teilnehmer diese Verhaltensweisen zeigt, desto höher ist sein „Zivilisationsfaktor“.

Kennzeichen schlechter Interaktion:
„Explosion ist nicht Energie – Sturheit ist nicht Konsequenz – Rauhbeinigkeit ist nicht Festigkeit.“

(Quelle: Erhard Dietl / Cartoon-Caricature-Contor München)

Absolute und relative Redezeit in Sekunden pro Teilnehmer (Erläuterungen S. 41)

Name / Zeit										
Z E I T										Gesamt
absolut:										
relativ:										100 %
Rang:										

Häufigkeit u. Verteilung der Wortmeldungen, Unterbrechungen, nicht berücksichtigte Wortmeldungen (Erläuterungen S. 42 u. 45)

Teilnehmer / Zeit										

2.2.2.5 Nicht berücksichtigte Wortmeldungen

Notieren Sie im gleichen Formular (S. 44 unten), wenn ein Teilnehmer sich zwar zu Wort gemeldet hat, aber nicht berücksichtigt wurde. Schreiben Sie in das Feld dieses Teilnehmers „nb“ (steht für „nicht berücksichtigt“).

2.2.2.6 Durcheinander-Reden verschiedener Teilnehmer

Zeichnen Sie immer noch im Formular „Häufigkeit und Verteilung der Wortmeldungen…“ eine Wellenlinie ein, wenn mehrere Teilnehmer zur gleichen Zeit sprechen. Ein Ausschnitt aus dem Formular „Häufigkeit und Verteilung der Wortmeldungen…“ kann so aussehen:

- Häufigkeit und Verteilung der Wortmeldungen
- Unterbrechungen U
- nicht berücksichtigte Wortmeldungen n b

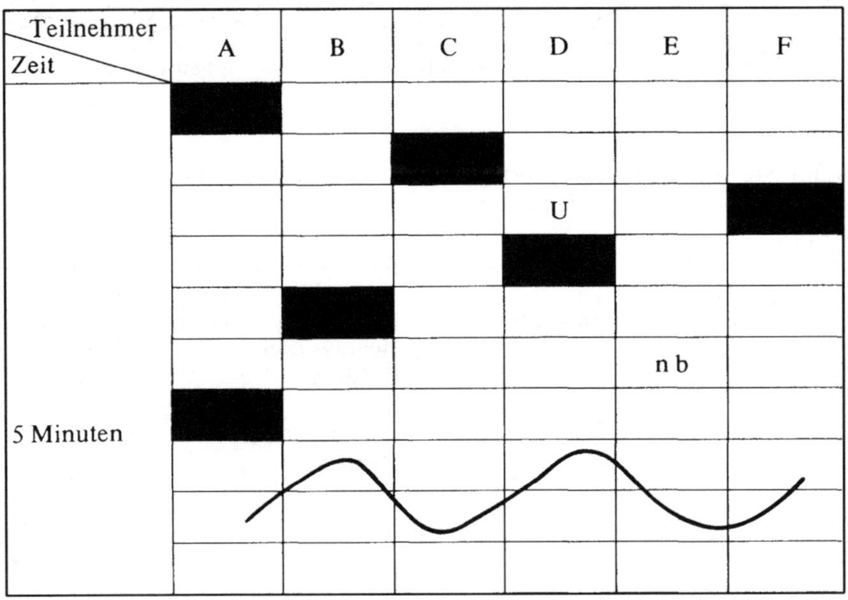

Interpretation

A hat die Besprechung eröffnet. C und F haben danach das Wort ergriffen. D hat F unterbrochen. B kam danach zu Wort. E hat versucht, zu Wort zu kommen, A hat E – absichtlich oder unabsichtlich – nicht berücksichtigt, sondern selbst gesprochen. Danach haben mehrere Teilnehmer durcheinandergeredet.

Prüfen Sie anhand Ihrer eigenen Aufzeichnungen im Formular „Häufigkeit und Verteilung der Wortmeldungen", ob Ihre Besprechung mehr als Ansprache (Monolog), als Dialog oder als Aussprache geführt wurde. Unser Beispiel kann man als Aussprache bezeichnen. Bis auf den Teilnehmer E konnte sich jeder Teilnehmer äußern, bevor A wieder das Wort ergriffen hat. Dialoge sind daran zu erkennen, daß über längere Strecken nur zwei Teilnehmer miteinander korrespondieren und die anderen ausgeschaltet sind.

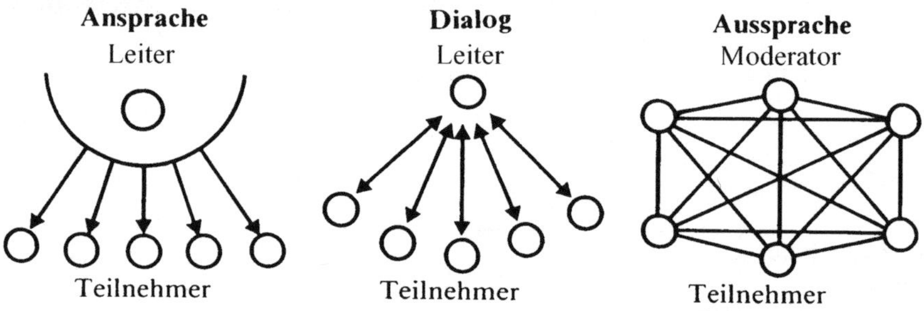

Wenn Sie die Beobachtungsergebnisse übersichtlich darstellen wollen, benutzen Sie das folgende Schema:

Name	Zahl der Beiträge		Zeit		durchschnittl. Dauer des einzelnen Beitrags (Zeit dividiert durch die Zahl der Beiträge)	Unterbrechungen	nicht berücksichtigte Wortmeldungen
	absolut	Prozent	absolut	Prozent			
Summe		100		100			

Die Spalte „durchschnittliche Dauer des einzelnen Beitrages" ergibt den „*Quassel-Index*". Sie errechnen ihn, indem Sie die Gesamtredezeit des einzelnen Teilnehmers (in Sekunden) durch die Zahl seiner Beiträge dividieren. Sarkastische Beobachter haben die These aufgestellt, daß der „Quassel-Index" (QI) umgekehrt proportional sei zum IQ (Intelligenz-Quotient).

Wenn Sie mit den anderen Teilnehmern die Ergebnisse diskutieren, verweisen Sie bitte darauf, daß die Aufzeichnungen nicht hundertprozentig genau sein können. Für eine *Trend-Darstellung* reichen sie jedoch aus.

Eine solche Diagnose wird den Teilnehmern durch wertfreie Informationen – das heißt ohne Kritik – wichtige Hinweise für Verbesserungen geben.

Sie können diese Aussagen ergänzen, indem Sie die Teilnehmer vor der Diskussion der Beobachtungsergebnisse bitten, ihre Ansichten zum Ablauf der Besprechung zu äußern. Mündliche Äußerungen werden allerdings häufig durch die Anwesenheit anderer Teilnehmer (Gruppendruck) verfälscht: Verwenden Sie daher den Fragebogen „*Subjektive Stellungnahme zur Besprechung*" auf S. 56.

Eine andere Möglichkeit:

Lassen Sie einen Besprechungsteilnehmer mit dem „*Bogen zur Beobachtung einzelner Teilnehmer*" arbeiten (s. S. 53). Bitten Sie den Beobachter – eventuell in Einzelgesprächen – jedem Teilnehmer ein persönliches Feedback zu geben.

2.2.2.7 Fragen zum Beobachten und Auswerten der Prozedur in einer Besprechungsgruppe (s. auch S. 35: Fragebogen zum Beobachten der 5 Phasen einer Besprechung)

- Was haben die Teilnehmer gut gemacht?
  Was ist zu verbessern?
- Notieren Sie bitte bei allen Ihnen wichtig erscheinenden Beobachtungen, „was" sich „woran" gezeigt hat.

1. Werden in einem Beitrag mehrere Besprechungsphasen (Problem, Ziel, Ursache, Lösung, Entschluß) angesprochen?
2. Gibt es im Gespräch eine entscheidende Wende – wenn überhaupt nötig –, wann wäre eine solche Wende nötig/möglich gewesen?
3. Wie beurteilen Sie die Aufgabenverteilung in der Gruppe?
   Gibt es einenModerator? Gibt es einen Protokollführer?
   Hilft der Moderator den Teilnehmern, sich frei zu äußern?
4. Wie beurteilen Sie die gewählte Sitzordnung?
5. Verwendet die Gruppe die vorhandenen arbeitstechnischen Hilfsmittel und Möglichkeiten (z. B. Visualisierung) optimal?

2.2.2.8 Fragen zum Beobachten und Auswerten der Interaktion in einer Besprechungsgruppe

Antworten Sie bitte nicht mit ja/nein. Notieren Sie alle Beobachtungen, die Ihnen wichtig erscheinen! Es kommt auf die Fragestellung „Woran hat es sich gezeigt?“ an!

1. Was tun die Teilnehmer für ein gutes Verhältnis zueinander?
2. Welche Schwierigkeiten stehen einer Verständigung hauptsächlich im Wege?
3. Haben Sie den Eindruck, daß sich ein oder mehrere Teilnehmer der Besprechung aggressiv verhalten?
4. Welche Teilnehmer rebellieren gegen dominierende Rollen anderer?
5. Weichen Teilnehmer der Gruppenaufgabe aus, ziehen sich zurück, lachen oder witzeln, betrachten die Aufgabenstellung mehr als Spiel?
6. Bilden sich eine oder mehrere Untergruppen, in der die persönlichen Beziehungen deutlich besser sind als im Rest der Gruppe? Macht die Gruppe den Eindruck einer homogenen Gruppe? (Gibt es „Paare“, „Trios“?)
7. Verhalten sich Teilnehmer unpersönlich oder steif anderen gegenüber?
8. Läßt man einander ausreden, oder fällt man sich ins Wort? Wann und warum reden die Teilnehmer durcheinander? Hören die Teilnehmer einander zu? Wie aufmerksam?
9. Ist die Gruppe zielbewußt, oder läßt sie die Zügel schleifen?
10. Ist man darauf aus, Punkte für sich zu gewinnen oder den eigenen Standpunkt durchzusetzen?
11. Werden abweichende Ansichten genügend angehört? Wer ist Außenseiter? Wie setzt sich die Gruppe damit auseinander?
12. Welche Teilnehmer benötigen die Unterstützung von anderen?
13. Welche Teilnehmer sind von Vorschriften oder Regeln abhängig?
14. Haben alle Mitglieder ausreichend Gelegenheit, ihre Meinung zu äußern? Gibt es isolierte Mitglieder? Wie kommt es dazu? Was tut die Gruppe?
15. Welche Killerphrasen werden von wem verwendet? (s. die Beispiele auf S. 51)
16. Gibt es einen „Igel“? (Lehnt nach allen Seiten ab)
17. Gibt es ein „schwarzes Schaf“? (Wird von allen abgelehnt)
18. Gibt es einen „Saboteur“? (Er gibt vorwiegend negative Äußerungen an die gesamte Gruppe)
19. Wer ist der „Star“ oder „Stern“? (Er hat den höchsten Status)
20. Gibt es „Langredner“ in der Gruppe?

Gibt es in meinen Besprechungen ein „schwarzes Schaf?"
(Quelle: Erhard Dietl / Cartoon-Caricature-Contor München)

Teilnehmer, die längere Monologe halten

↙ ↘

Langredner aus innerer *Unsicherheit*
(will endlich auch einmal gehört werden)

Aktives Zuhören:
zusammenfassende Frage stellen

↓

Ergebnis für's Protokoll formulieren, im Protokoll sichtbar festhalten. („Habe ich Sie richtig verstanden, daß in unser Ergebnis-Protokoll … aufzunehmen ist?")

↓

Ergebnisse bestätigen

↓

führt zu Akzeptanz/Bestätigung

↓

Ziel: innere Sicherheit fördern

Langredner aus *Übersicherheit*
(Überträgt seine Kompetenz auf einem Gebiet auf alle anderen Gebiete)

Besprechungsregeln vereinbaren

↓

gezielt nachfragen/nachfassen
(„Bitte Ihre präzise Formulierung für unser Ergebnis-Protokoll.")

↓

in zwei bis drei Sätzen zusammenfassen *lassen*, konkretisieren *lassen*

↓

Nützliches im Protokoll festhalten

↓

eventuell zum Protokollanten machen
Ziel: Selbstzweifel an eigener Kompetenz in allen Fragen wecken

Zur wissenschaftlichen Herleitung der „Langredner"-Problematik hier noch Prof. *Th. O. Salbaderers* neueste Forschungsergebnisse:

„Die Dynamik des Sitzungsbetriebs ergibt sich aus dem Konzept der ‚Aufladung': Die Selbstdarstellung eines Teilnehmers führt zu einer zusätzlichen Aufladung bei den anderen Sitzungsteilnehmern und damit zur Notwendigkeit weiterer Interventionen. Jede Sitzung endet zwangsläufig mit einem Rest nichtentladener Potenz, nicht erfüllter Bedürfnisse nach Bestätigung. Diese führen zur Anberaumung der nächsten Sitzung."

Alles klar?!

21. Wer beteiligt sich an welchem Spiel?

- Verlierer-Gewinner-Spiel (falsche Aussagen bei anderen feststellen)
- Ideen-Killer-Spiel (Korrektur oder Abschießen der Ideen anderer)
- Schwarzer-Peter-Spiel (bei Problemen wird nach dem Schuldigen gesucht statt nach Lösungen)
- Diva-Spiel (die Höhe des sozialen Ranges bestimmt, ob eine Idee richtig ist)
- Kompetenz-Spiel (Arroganz von Experten/Führungskräften: „Feuern" auf Vorschläge anderer)
- Blinde-Kuh-Spiel (Vorgehen ohne Problemlösungsstrategie)
- Profilierungs-Spiel (Viel Reden wird mit Kompetenz gleichgesetzt)

22. Welcher Teilnehmer nimmt welche Rolle wahr?

Rollen in einer Besprechungsgruppe

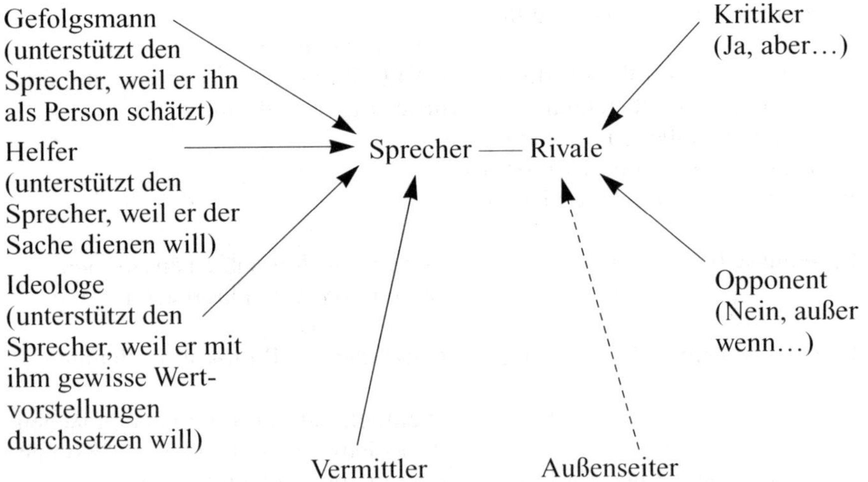

23. Wie geht welcher Teilnehmer mit Problemen um? (nach *A. Sahm*)

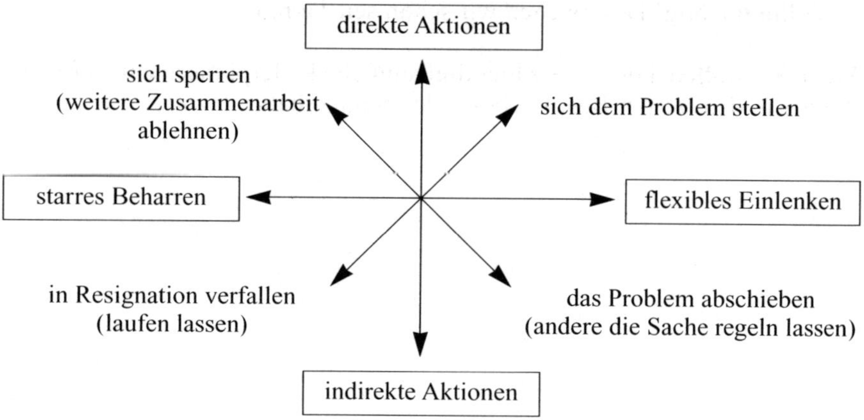

Beispiele für „Killerphrasen" in Besprechungen

- Das versuchen Sie mal bei der Art unserer Kunden.
- Vielleicht sollten Sie auch ein wenig an die Ausnahmen denken.
- Ich kann Ihnen Fälle nennen, bei denen das auf keinen Fall geht.
- Das geht vielleicht in den USA, aber bei uns sind die Verhältnisse wohl doch etwas anders.
- Vielleicht sollten Sie auch einmal an die Kosten denken.
- Wie lange sind Sie eigentlich bei uns?
- Die Konkurrenz lacht sich tot, wenn sie hört, was wir vorhaben.
- Ich kenne nicht einen Konkurrenten, der das jemals versucht hätte.
- In der Theorie mögen Sie recht haben, aber in der Praxis sehen die Dinge völlig anders aus.
- Das haben wir 1995 schon einmal versucht – darunter leiden wir jetzt noch.
- Das versuchen Sie mal mit unseren Mitarbeitern.
- Das paßt nicht zum Ruf unserer Firma.
- In unserer Branche liegen die Dinge völlig anders. Ich kenne keine Branche, die sich mit unserer vergleichen ließe.
- Das ist vielleicht in der Konsumgüterindustrie möglich.
- Das geht vielleicht in einem sehr großen Unternehmen/sehr kleinen Unternehmen.

– Daß dieser Vorschlag gerade von Ihnen kommt, wundert mich überhaupt nicht.
– Das haben wir noch nie so gemacht – ich bin jetzt seit 1980 in der Firma.
– Völlig unnötig! Das machen wir schon seit Jahren.

Wenn Sie wollen, können Sie hier drei ähnliche Killerphrasen aufschreiben, die Sie in den letzten Tagen gehört oder benutzt haben:

. . . .
. . . .
. . . .

„Sie rufen ohne Ruh': Geht aufeinander zu! Die aber hörten bloß: Geht aufeinander los!" *(Hardy Scharf)*

(Quelle: Karl-Heinz Brecheis / Cartoon-Caricature-Contor München)

2.2.2.9 *Bogen zum Beobachten einzelner Teilnehmer*

Selbstorientiertes Verhalten:

Zeigt das Gruppenmitglied durch sein Verhalten, daß es mehr an der Erfüllung der eigenen Bedürfnisse interessiert ist als daran, der Gruppe bei ihrer Zielerreichung zu helfen?

- Versuche, die Diskussion zu beherrschen,
- andere unterbrechen,
- nicht zuhören können,
- übererregt, empfindlich, aggressiv reagieren,
- über Argumente hinweggehen,
- Verantwortung ablehnen.

Interaktionsorientiertes Verhalten:

Ist das Gruppenmitglied hauptsächlich an den anderen Gruppenmitgliedern interessiert und hilft es ihnen, wirksam zusammenzuarbeiten?

- Andere ansprechen,
- andere in die Diskussion hineinziehen,
- Vermitteln bei unterschiedlichen Meinungen,
- Aufgreifen und Beachten guter Beiträge,
- Spannungen reduzieren/lösen,
- zur Kooperation ermutigen.

Zielorientiertes Verhalten

Richtet das Gruppenmitglied sein Hauptinteresse darauf, das Gruppenziel zu erreichen?

- Arbeitsprozesse in Gang bringen,
- Informationen mit anderen teilen,
- Meinungen vertreten,
- organisieren,
- zusammenfassen,
- Übereinstimmung feststellen,
- Probleme herausstellen und klären,
- Ursachen bestimmen,
- Lösungsvorschläge unterbreiten,
- zur Entschlußbildung beitragen.

Nichtverbale Kommunikation:

Wie waren Mimik, Körperhaltung, Gesten, z. B. Handbewegungen, Blickkontakte, Tonfall der Stimme usw.? Was läßt sich daraus im Hinblick auf Stimmung, Gefühle, Absichten der Gesprächspartner entnehmen? (nach: *Kirsten, E., Müller-Schwarz, J.*, S. 22).

2.2.2.10 Fragebogen zum Beobachten der Fragetechnik

Fragen	Anzahl	Bemerkungen und Beispiele
1. Stellt der Teilnehmer zuerst *offene* Fragen, um die anderen Gesprächsteilnehmer zur aktiven Mitarbeit zu gewinnen?		
2. Stellt der Teilnehmer *gezielte* Fragen, um spezifische Auskünfte zu erhalten?		
3. Findet der Teilnehmer die *Ursache(n)* durch Fragen heraus?		
4. Stellt der Teilnehmer *zusammenfassende* Fragen, um sich der Übereinstimmung in der Gruppe zu vergewissern?		
5. Stellt der Teilnehmer *offene* Fragen, um Vorschläge für *Maßnahmen* zu erhalten?		
6. Stellt er *gezielte* Fragen, um nachteilige *Auswirkungen, Kosten* etc. zu ergründen?		

2.2.2.11 Selbstkontrolle zum Verhalten in einer Besprechung

Dieses Formular hilft Ihnen, über Ihr eigenes Verhalten in einer Gruppe nachzudenken.

Auf den folgenden Skalen können Sie sich selbst einstufen.

1. Die Klarheit, mit der ich meine Gedanken ausdrücke

0 1 2 3 4 5 6 7

sehr unklar … außerordentlich klar

2. Die Fähigkeit in verständnisvoller, aufgeschlossener Weise zuzuhören

0 1 2 3 4 5 6 7
sehr gering — sehr groß

3. Die Fähigkeit, Ideen mit Schwung und Überzeugungskraft zu vermitteln

0 1 2 3 4 5 6 7
sehr gering — sehr groß

4. Die Fähigkeit, beim Diskussionsthema zu bleiben

0 1 2 3 4 5 6 7
sehr gering — ausgezeichnet

5. Fragen zum Feedback-Verhalten

- Wie oft habe ich positives Feedback gegeben?
  (Wie oft habe ich andere ermutigt?)

  . . . .

- Wie oft habe ich negatives Feedback gegeben?
  (Wie oft habe ich andere entmutigt?)

  . . . .

- Wie oft habe ich positives Feedback bekommen?
  (Wie oft bin ich ermutigt worden?)

  . . . .

- Wie oft habe ich negatives Feedback bekommen?
  (Wie oft bin ich entmutigt worden?)

  . . . .

2.2.2.12 *Fragebogen zum Ausfüllen durch die einzelnen Teilnehmer nach der Besprechung*

Sujektive Stellungnahme zur Besprechung

Frage		Skala	
1. Wissen Sie sicher, wie das Problem genau definiert war, was die genaue Fragestellung war? Schreiben Sie es bitte auf:	nein	0 1 2 3 4 5 6 7	ja
2. Haben Sie sich mit der Problemdefinition identifiziert?	nein	0 1 2 3 4 5 6 7	ja
3. Wissen Sie sicher, wie Besprechungs- und Projektziel formuliert waren? War Ihnen das Ziel klar? Schreiben Sie es bitte auf:	nein		ja
4. Waren Sie mit Problem und Ziel einverstanden?	nein		ja
5. War die Diskussion sachbezogen oder sachfremd?	Völlig sachfremd		Völlig sachbezogen
6. Wurden abweichende Ansichten genug gehört?	Völlig unbeachtet		Völlig berücksichtigt
7. Wie gut blieb die Gruppe „am Ball“? (Hat die Gruppe zielorientiert gearbeitet?)	gar nicht		sehr gut
8. Wie sind Sie mit der Entscheidung zufrieden?	unzufrieden		sehr zufrieden
9. Wie war der Zeitbedarf kalkuliert?	zuwenig Zeit		zuviel Zeit
10. Der Moderator war	völlig passiv		viel zu aktiv
11. Der Protokollführer erfüllte die Kriterien der Checkliste (S. 78)	unzureichend		vollständig

Erläuterung:

Lassen Sie den Fragebogen nach der Besprechung ausfüllen (*anonym*) und einsammeln. Lassen Sie die Angaben der einzelnen Teilnehmer am besten auf *einen* Fragebogen zusammentragen.

Diskutieren Sie die zusammengefaßten Ergebnisse in der Gruppe: Ziehen Sie gemeinsam Folgerungen, um künftige Besprechungen zu verbessern.

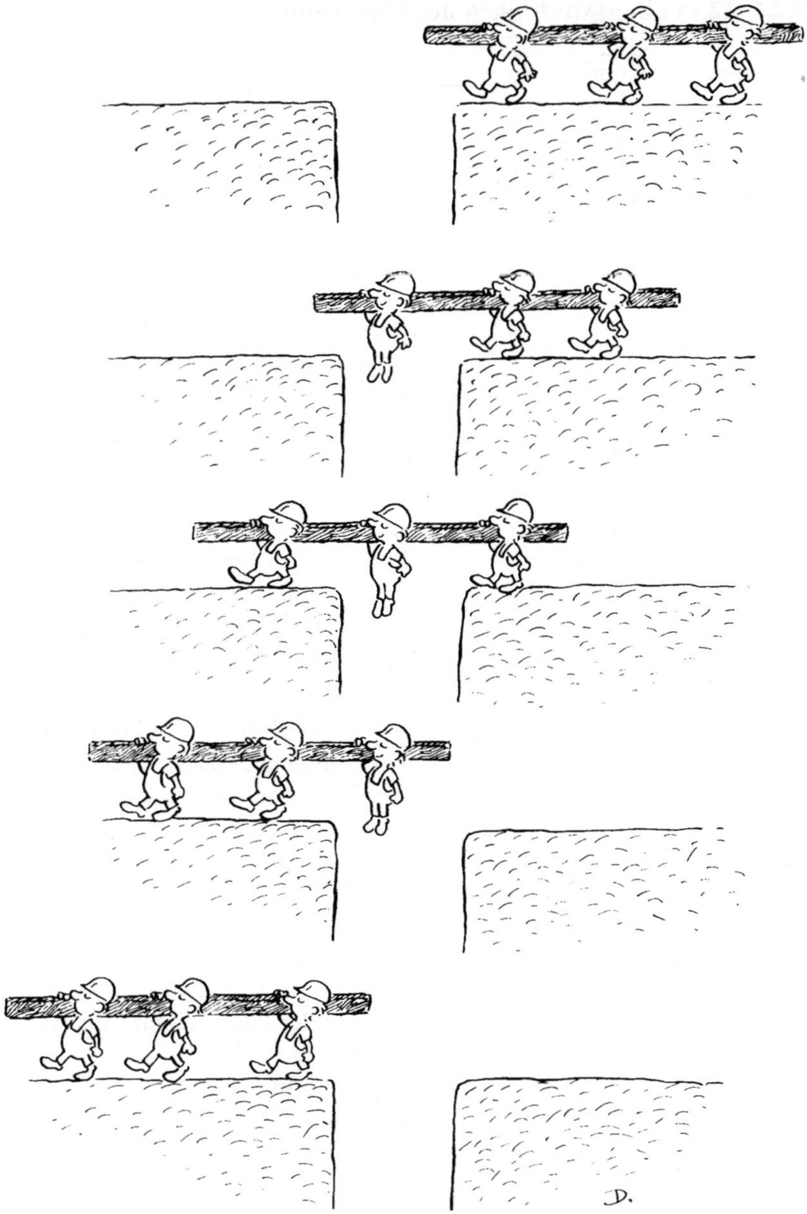

Wie gut blieb die Gruppe „am Ball“? Hat sie zielorientiert gearbeitet?
(Quelle: Erhard Dietl / Cartoon-Caricature-Contor München)

2.2.3 12 Lenkungstechniken des Moderators

12 Lenkungstechniken	Fragen
1. Verstärken, Anregen, Provozieren, versteckte Konflikte sichtbar machen	– Was möchten Sie aus Ihrer Erfahrung dazu beitragen? – Was halten Sie davon? – Was könnte noch eine Rolle spielen?
2. Interpretieren lassen	– Ich bin mir nicht ganz sicher, ob ich verstanden habe, was Sie meinen. Können Sie das noch einmal präzisieren? – Ist es das, was Sie meinen? – Wollen Sie damit sagen, daß...? – Darf ich noch einmal überprüfen, ob ich Sie auch wirklich verstanden habe?
3. Zusammenfassen lassen und damit auf eine Entscheidung hinwirken	– Können Sie bitte Ihre Aussage nochmals in Kurzform für unser Protokoll zusammenfassen? – Sind Sie mit der Zusammenfassung des Protokollführers einverstanden?
4. Konkretisieren, interpretieren lassen	– Mit welchen aktuellen Daten können Sie Ihre Aussage belegen? – Wissen Sie dazu ein konkretes Beispiel?
5. Erbitten von Vorschlägen, Ergänzungen	– Was könnte man sonst noch alles tun? – Fällt Ihnen vielleicht noch etwas anderes ein? – Wer kann die Gedanken von Herrn/Frau X noch weiter ausführen und interpretieren?
6. Pausen machen (siehe S. 59 unten)	– Wollen wir dieses Thema erst nach der Pause aufgreifen? Dann können wir uns während der Pause schon Gedanken darüber machen.
7. Führen durch Fragen	– In welcher Phase befinden wir uns? – Sind wir uns bis hierhin einig?
8. Auf die Fragestellung zurückführen und von anderen Fragen abgrenzen	– Glauben Sie, daß diese Aussage in direkter Verbindung zu unserem Problem und Ziel steht? – Wollen wir nicht erst dieses Problem behandeln?

12 Lenkungstechniken	Fragen
	– Gehört dies zu unserem Problem? – Ich glaube, ich verstehe Sie, aber ist das nicht ein Punkt, den wir schon im Protokoll haben?
9. These und Antithese herausarbeiten lassen	– Können wir die bisher geäußerten Meinungen trennscharf formulieren?
10. Aktives Zuhören	– Habe ich richtig verstanden, daß Sie meinen…?

11. Die „Karten-Technik“ einsetzen:
    1. Gemeinsam präzise Fragestellung erarbeiten
    2. Karten schreiben lassen
    3. Karten vorlesen, gruppieren, anheften
    4. Karten ergänzen lassen
    5. Karten gewichten lassen (falls nicht aus der Zahl der zu einem Punkt angegebenen Karte ersichtlich)
    6. An wichtigster Karte weiterarbeiten
12. Sich ständig fragen: Wie kann ich der Besprechungsgruppe helfen? Wie oft habe ich sie ermutigt?

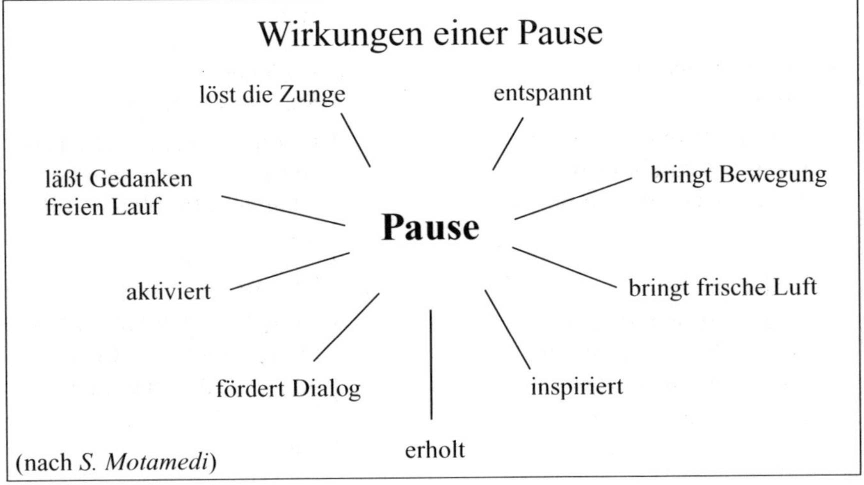

(nach *S. Motamedi*)

Skala zum Beobachten des Moderators

1. Wertschätzung Freundlich, tolerant, ermutigend, geduldig, anerkennend. Bewertung von Aktivitäten anhand vorher festgelegter Maßstäbe.	+3 +2 +1 0-1 -2-3	Geringschätzung Unfreundlich, intolerant, entmutigend, ungeduldig, abwertend. Belegt Aktivitäten mit Kritik, ohne dafür Maßstäbe zu nennen.
2. Partnerschaftliches Verhalten Realisiert durch sein Verhalten Gleichberechtigung, verhält sich als Gruppenmitglied, sieht den einzelnen.	+3 +2 +1 0-1 -2-3	Nichtpartnerschaftliches Verhalten Stellt Überlegenheit heraus, blickt auf die Gruppe herab, sieht nicht den einzelnen.
3. Initiative und Förderung Anregend, sich zurückhaltend, ermöglicht Entscheidungsfreiheit und selbständiges Arbeiten.	+3 +2 +1 0-1 -2-3	Dirigismus Anordnend, kontrollierend, verhindert selbständiges Entscheiden und Arbeiten. Nützt Spannungen zwischen den Mitarbeitern für sich aus.
4. Hohe Steuerungsfähigkeit Erkennt Probleme der Gruppe schnell, hilft bei ihrer Überwindung.	+3 +2 +1 0-1 -2-3	Fehlende Steuerungsfähigkeit Ist für Probleme der Gruppe blind, verhält sich bei erkannten Problemen hilflos.
5. Engagement Engagiert und interessiert, läßt Informationen und Material vor der Besprechung bereitstellen, setzt sich ein.	+3 +2 +1 0-1 -2-3	Distanz Ohne Engagement und Interesse, stellt Information und Material nicht bereit, setzt sich nicht ein.

6. Echtheit Zeigt sich mit seinem Gefühlen und Schwächen, offen.	+3 +2 +1 0-1 -2-3	Unechtheit Stellt sich als perfekt dar, verbirgt Gefühle und Schwächen, läßt seinen Status fühlen.
7. Einfühlendes Verständnis Verständnis für die Sichtweise anderer, kann sich in andere und deren Probleme hineinversetzen, gibt Gesprächspartner das Gefühl, verstanden zu werden.	+3 +2 +1 0-1 -2-3	Verständnislosigkeit Sieht Probleme anderer nur aus seiner Perspektive, gibt Gesprächspartner nicht das Gefühl, verstanden zu werden, wirkt stereotyp.
8. Flexibilität Je nach Struktur und Inhalt des Problems wird analysiert und gehandelt. Es werden keine Positionen bezogen, sondern gemeinsam Lösungen erarbeitet.	+3 +2 +1 0-1 -2-3	Starrheit Rechthaberisch und unflexibel werden Probleme „erledigt“. Will selber „gewinnen“.

Quelle: *Müller-Wolf, H.-M., Müller, K.-U.,* und *Tausch, R., Tausch, A.-M.*

2.2.4 Visualisierung in Besprechungen

2.2.4.1 Was ist „Visualisierung“?

Unter dem Gesichtspunkt „Aufbau und Ablauf von Besprechungen“ haben wir bisher aufgezeigt,

- in welche 5 Phasen sich Besprechungen gliedern lassen,
- mit welchen Methoden man Aufbau und Ablauf von Besprechungen sowie das Verhalten der Teilnehmer untereinander analysieren kann.

Einen wesentlichen Ansatz zur Verbesserung von Besprechungsabläufen hat das „Quickborner Team“ vor Jahren entwickelt:

Die Visualisierung

Damit ist gemeint, daß in Gruppen nicht nur geredet, sondern auch optisch dargestellt wird. Jeder Teilnehmer soll nicht nur Sprecher, sondern auch Visualisierer seiner Beiträge sein.

„Es geht uns also nicht allein um die *optische Darstellung* an Wandtafel, Flipchartständer oder auf der Folie des Tageslichtprojektors. Wir wollen vor allem auch die *optische Entwicklung* des Gesprächsverlaufs durch alle Teilnehmer… erreichen." Visualisierung ist damit *„die Ergänzung des gesprochenen Wortes durch optische Zeichen"* (*T. Schnelle-Cölln*. Die Darstellung der Visualisierungsmethodik in diesem Kapitel basiert außerdem auf: *E. Schnelle* u. a., Gesprächstechnik für Gruppen sowie auf: *W. Kasprzik*, Willensbildung in der Gruppe – Moderation statt Führung; diesen Verfassern und ihren Mitarbeitern ist es zu verdanken, daß sich Visualisierung in Gruppen verbreitet hat).

Um *spontane* Visualisierung in Gruppen zu ermöglichen, ist es wichtig,

- daß die Darstellung nicht unbedingt für sich allein sprechen muß,
- daß niemand meint, er müßte eine selbstgefertigte Zeichnung vortragen,
- daß nicht ein geschlossener Gedankengang dargestellt werden muß.

Wird dies berücksichtigt, steigt die *Interaktionsdichte* in der Gruppe. Interaktionsdichte ist ein einfaches Maß für das Kommunikationsverhalten: Es wird die Zahl der Wortergreifungen pro Stunde (W/Std.) gezählt. 1 W/Std. sagt aus, daß 1 Teilnehmer 1 Stunde lang spricht. (Die Interaktionsdichte kann beispielsweise mit dem Formular „Häufigkeit und Verteilung der Wortmeldungen" auf S. 44 erhoben werden.)

Bei Besprechungen kann immer nur eine Person zur gleichen Zeit sprechen. Da die Aussagen eine gewisse Zeit benötigen, gibt es manchmal nur ca. 100 Wortergreifungen pro Stunde.

Bei schwierigen Problemen oder in gespannter Atmosphäre wird länger gesprochen: Die Interaktionsdichte wird bei 50 W/Std. liegen. Dieses Maß sagt allerdings nichts darüber aus, wie sich die Wortergreifungen verteilen, also ob in einer Gruppe 2, 3 oder alle aktiv sind. (Siehe hierzu den Beobachtungsbogen „Häufigkeit und Verteilung der Wortmeldungen" auf S. 44. Mit diesem Bogen werden sowohl die W/Std. als auch die Verteilung auf die Teilnehmer festgehalten.)

Das Maß W/Std. sagt auch nichts aus über die kürzesten oder längsten Wortergreifungen. (Siehe hierzu den Beobachtungsbogen „absolute und relative Redezeit in Sekunden pro Teilnehmer" auf S. 44. Mit diesem Bogen wird die Länge der einzelnen Beiträge registriert.) Um die Daten übersichtlich darzustellen, können Sie das Schema auf S. 46 verwenden.

(Quelle: Erhard Dietl / Cartoon-Caricature-Contor München)

Das Maß W/Std. drückt nicht aus, wie oft sich das Gespräch im Kreis gedreht hat, wie oft innerhalb der 5 Besprechungsphasen gesprungen wurde. (Verwenden Sie hierzu den Beobachtungsbogen „Quantitatives Erfassen verschiedener Tätigkeiten im Zeitablauf einer Besprechung" auf S. 40.)

Außerdem finden Sie in diesem Kapitel „Visualisierung in Besprechungen":

- die Voraussetzungen für Visualisierung,
- Vorgehen beim Formulieren des Textes, der visualisiert werden soll,
- Regeln und Instrumente der Visualisierung,
- eine Zusammenfassung der Vorteile der Visualisierung sowie
- ein Beispiel für die praktische Anwendung der Visualisierung.

Auf S. 64 wird „Die Besprechung als Sitzung" mit der „Besprechung als Begegnung" verglichen.

Besprechung als Sitzung

In herkömmlichen Konferenzen und Besprechungen wird fast ausschließlich mit Stimme und Ohr kommuniziert.

Das führt zur Beschränkung auf diesen Kommunikationskanal: Sprecher und Hörer werden um einen Tisch gruppiert, womöglich an einer langen Tischreihe aufgereiht. Es wird schwierig, sich zu sehen. So wird jede Konferenz zur Sitzung.

Wer nur sitzt, um sich zu besprechen, braucht wenig Platz: 2 oder 3 qm pro Person. Das Raumzentrum wird von einem großen Tisch blockiert, unabhängig davon, ob vier oder vierzehn Personen das Sitzungszimmer benutzen.

Festes Gestühl und ein häufig geringer Abstand zwischen Stuhllehnen und Wand lassen nicht an Bewegung oder Teilung einer Gruppe in Untergruppen denken – alles Voraussetzungen für Visualisierung.

Für konzeptionelle Gruppenarbeit ist das Sitzungszimmer ungeeignet. Der Gruppenarbeitsraum muß eine Werkstatt sein, sowohl eine Denk-Werkstatt als auch eine Hand-Werkstatt.

Besprechung als Begegnung

Wenn wir – um den Kommunikationskanal „Stimme-Ohr" zu ergänzen – einen zweiten Kanal nutzen wollen, so heißt dieser nicht „Auge", sondern „Auge-Hand".

Das bedeutet, daß jeder Gesprächspartner Zugang zu Schreibflächen und Schreibmaterialien haben muß. Alle müssen alles sehen können, was an den Tafeln entsteht. Während des gesamten Arbeitsprozesses müssen der Gruppe die Gesprächsbeiträge, die sich an den Tafeln niederschlagen, präsent bleiben.

Wer diese Forderung erfüllen will, stellt der Gruppe einen Raum mit etwa 8–10 qm pro Person zur Verfügung.

Es genügt zunächst, nur solchen Gruppen eine Denkwerkstatt – statt eines Sitzungszimmers – einzurichten, die konzeptionelle Arbeit leisten. Es ist daran zu erinnern, daß, wenn Auge und Ohr zusammen 100 % Informationen aufnehmen, das Auge davon 70–80 % aufnimmt.

Der Raum muß akustisch sorgfältig ausgestattet sein. Viele Stecktafeln, die mit großen (braunen) Tafelpapieren bespannt werden, und Drehrollensessel gehören zur Grundausstattung. Kleine leichte Tische schränken die Bewegungsfreiheit nicht ein.

Bei guter Moderation ist eine Interaktionsdichte von 300–600 Äußerungen pro Stunde in großen Gruppen zu erreichen.

Trotzdem verliert die Gruppe ihren „roten Faden" nicht, weil der Gesprächsverlauf – orientiert an den 5 Phasen (S. 32) – an den Tafeln aufgezeichnet wird. Es ist der „externe, gemeinsame Speicher" der Gruppe. Einer Landkarte gleich entsteht hier eine Problemlandschaft.

Die Fülle der Gedanken wird überschaubar, Querverbindungen erkennbar. Irr- und Abwege werden z. B. durch Pfeile gekennzeichnet. An diesen Arbeitsstil müssen sich Menschen erst gewöhnen, für die Sprechen und Sitzen die einzige Kommunikationstechnik ist.

(nach *T. Schnelle-Cölln*)

2.2.4.2 Voraussetzungen für Visualisierung

Hier kurz die wichtigsten Voraussetzungen:

- Jedes Mitglied hat direkten Zugang zu den Darstellungsflächen und Zugriff zum Material.
- Das Dargestellte bleibt während der Besprechung optisch präsent. So können Haupt- und Nebenwege jederzeit nachvollzogen werden. (Wenn auf Flip-Chart geschrieben wurde: Die Blätter nicht nach hinten wegklappen, sondern abreißen und geordnet nach den 5 Besprechungsphasen an die Wand hängen.)
- Die Hilfsmittel sind einfach, damit jeder damit umgehen kann (z. B. Stecktafeln, Karten, Plakatpapier, Filzstifte, Klebestifte).
- Jeder Teilnehmer muß lernen, die visuellen Kommunikationsmittel anzuwenden, so wie er es auch mit der Sprache tut.
- Das herkömmliche „Sitzungszimmer“ ist ungeeignet. Es wird umgestaltet, damit Bewegung und „Werkstatt-Atmosphäre“ geschaffen wird (pro Person 8–10 qm). Die Gegenstände sind beweglich. An den Wänden können Darstellungen befestigt werden.

Also nicht so (*E. Schnelle*).

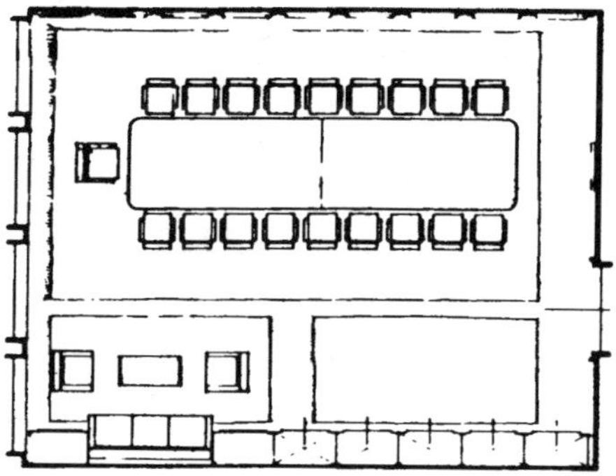

Kennzeichen des bisherigen „Sitzungssaals“:

Getäfelte Wände – Repräsentation statt Kommunikation, Einbauschränke – leer oder zweckentfremdet, das Bronzerelief eines würdigen Vorfahren an der Wand, Parkettfußboden mit Perserteppich, Kronleuchter an der Decke – ungenügendes Licht, Mahagonitisch mit schweren Klubsesseln, hierarchische Sitzordnung – monologfördernd – Gedanken können nur hörbar, nicht sichtbar gemacht werden, Servieren der Getränke stört das Gespräch, Raucher – schlechte Luft oder Zugerscheinungen, farbloses Durcheinander dunkler Oberflächen, technische Hilfsmittel stehen nicht griffbereit, es wird von wenigen viel gesprochen, alle Themen werden allen Teilnehmern vorgetragen.

Sondern so:

Der gleiche Raum wie oben ist für gesprächsintensive Gruppenarbeit umgestaltet.

1. Ein Plenum spricht miteinander ⟶ 2. Kleingruppen bearbeiten Teilthemen

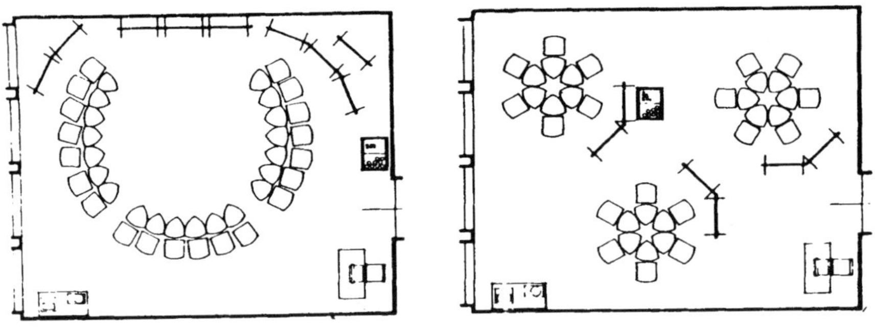

4. Die Ergebnisse der Kleingruppenarbeit werden im Plenum diskutiert ⟵ 3. Auf Flip-Charts wird die Kleingruppenarbeit visualisiert

Kennzeichen des Besprechungsraumes:

Alle Wände zum Anbringen von Darstellungen eingerichtet, keine festen Einbauten – alles ist beweglich. Ausgelegter Teppich – schallschluckend und farblich passend. Schallschluckdecke mit hellen blendfreien Leuchten. Leichte Tische und Drehrollen-Sessel. Round-table-Anordnung für jede Gruppengröße. Steck- und Tafelwände als Visualisierungshilfen. Griffbereite Erfrischungen aus fahrbaren Behältern. Klimatisierung – mindestens Lüftungsanlage. Farbkomposition kommunikations- und ideenstimulierend. Alle technischen Hilfsmittel stehen griffbereit. Gesprächsverlauf wird durch Kleingruppenbildung intensiviert, die Interaktion wird verdichtet.

Kombinationsmöglichkeiten mit *Trapeztischen*.

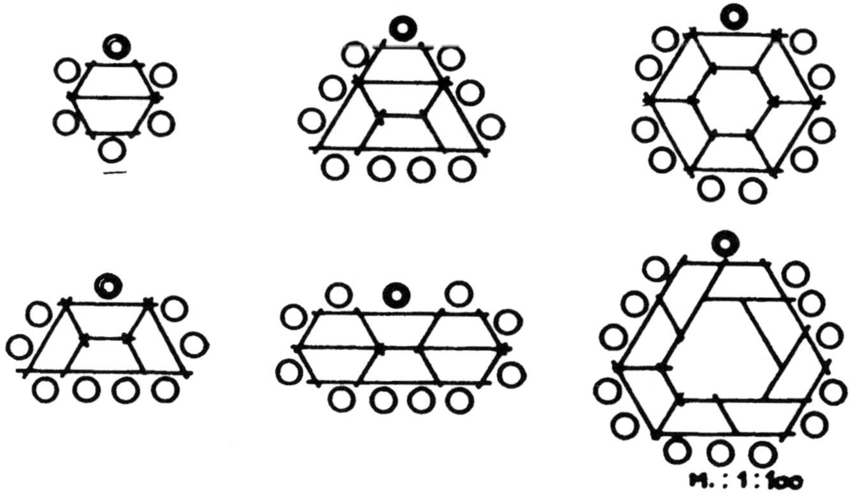

Wenn Ihnen die bisherigen Anordnungen zu langweilig sind, können Sie es auch ganz anders machen. Hier einige Vorschläge. Sie können diese nach Ihren eigenen Ideen variieren (entnommen aus einem Prospekt des management centre/europe, Brüssel):

2.2.4.3 Vorgehen beim Formulieren des Textes

Wie finden Sie den Text, der visualisiert werden soll? (nach *E. Schnelle,* S. 26)

Schritte	Beispiel
1. Bezeichnung finden	Kosten der Forschung und Entwicklung
2. Bezeichnung kürzen	F & E-Kosten
3. Bezeichnung zur Aussage erweitern	F & E-Kosten 1995 7 Mio. DM
4. Tendenz in die Aussage legen	F & E-Kosten 1995 auf 7 Mio. DM gestiegen
5. Aussage erweitern:	
– zur Hypothese	wenn die F & E-Kosten..., dann...
– zur Prognose	1995 = 7 Mio. DM 2000 = 9 Mio. DM 2005 = ?
6. Aussage ergänzen	
– als Frage formulieren	Wann werden sich die F & E-Kosten verdoppelt haben?
– als Kritik	F & E-Kosten steigen viel zu schnell!
– als Maxime	Die Forschung muß intensiviert werden

Beachten Sie:

– Alle Aussagen weisen eine Tendenz auf (wie in 4, 5, 6),
– die Aussagen müssen ergänzt werden können.

2.2.4.4 Regeln und Instrumente der Visualisierung

a) Hier die wichtigsten *Regeln* für eine wirkungsvolle Visualisierung:

– So wenig wie möglich mit sparsamsten Mitteln darstellen.
– Nur das darstellen, was sich durch Wort und Bild nur umständlich erklären läßt.
– Groß- und Kleinbuchstaben benutzen (Großbuchstaben allerdings nur für sehr kurze Wörter, Kleinbuchstaben können besser gelesen werden).
– Jede längere Information (3 – 5 Minuten) muß visualisiert werden.
– Darstellen auf Packpapier ca. 130 x 150 cm und auf farbigen Karten ca. 10 x 21 cm. Nicht mehr als 3 Farben simultan benutzen.

- Die Farben von Karten und Stiften können benutzt werden, um unterschiedliche Gedankengänge optisch hervorzuheben. Die Bedeutung der Farben vor Beginn der Besprechung festlegen und aushändigen.
- Auf Lesbarkeit in 6–8 m Entfernung achten.
- Auch Konflikte, Widersprüche visualisieren.
- Bewerten mit Selbstklebepunkten. Verschiedenfarbige Punkte können verschiedene Gewichte bedeuten (z. B. rot gilt dreifach, grün zweifach, schwarz einfach).
- Ja-Nein-Antworten vermeiden. Stattdessen: fünfstufige Wertung, sieht dann als Skala so aus: –– – 0 + ++ .
- Damit Einwände nicht untergehen: Auf Karten schreiben und hochhalten bzw. an Tafel heften.
- Textblöcke bilden, um die Gliederung auch visuell deutlich zu machen.
- Weniger als 30 Stichworte pro Tafel. So bleibt alles übersichtlich.
- Nur Stichworte notieren – keine ganzen Sätze. Das Stichwort charakterisiert den Gedanken.
- Platzsparend schreiben, um während der Gruppenarbeit ergänzen zu können.

b) Die Instrumente der Visualisierung

Zur Visualisierung benötigt man bestimmte Hilfsmittel wie zum Beispiel:

- Verschiedene Schriftgrößen, Groß- und Kleinbuchstaben,
- unterschiedliche Formen wie Rechtecke, Kreise,
- Striche, Pfeile, Blitze, gestrichelte oder gepunktete Verbindungslinien,
- Freiflächen, um unterschiedliche Informationsblocks voneinander abzusetzen,
- verschiedene Farben, um einzelne Informationen hervorzuheben und um Zusammengehöriges zu kennzeichnen.

Ordnen Sie die Farben nach steigender Auffälligkeit:

Farben von Karten		*Farben von Filzstiften*
	sehr auffällig	
orange		rot
grün		grün
gelb		blau
weiß		schwarz
	wenig auffällig	

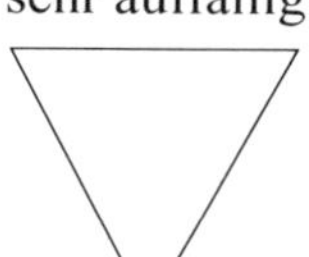

Diese Hilfsmittel können nun zusammengefügt werden.

Damit erhält man die folgenden *„Instrumente der Visualisierung“:* (*E. Schnelle-Cölln,* S. 15).

Skalen: 0 % |————————| 100 %

Standardisierte Skala:

– –	–	0	+	++

Koordinaten:

Im Koordinatenfeld werden die einzelnen Schätzungen als Punktwolke erkennbar. Außenseitermeinungen werden sichtbar und können begründet werden.

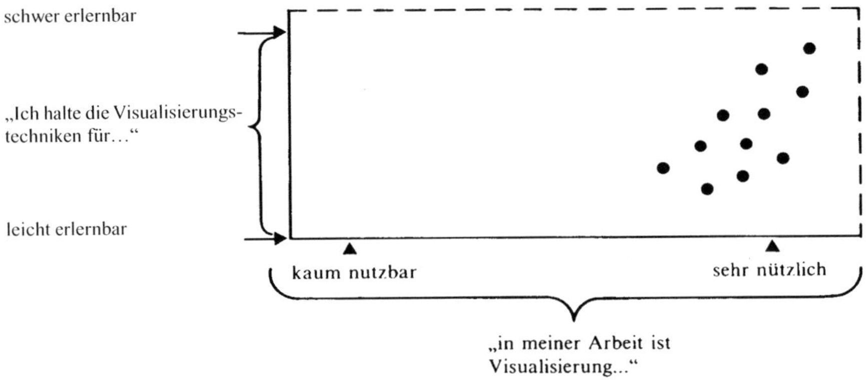

Listen: helfen, den Umfang einer Sammlung zu erkennen

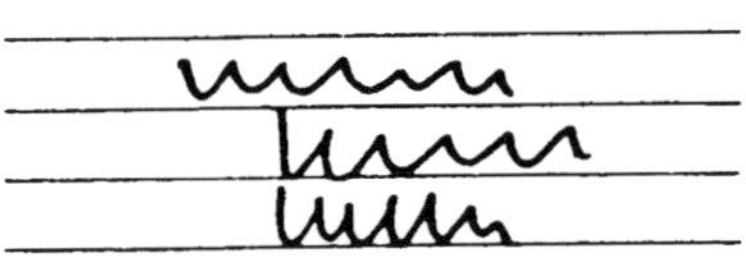

Tabellen: stellen Beziehungen her; lassen erkennen, welche Verknüpfungen sinnvoll sind und welche unmöglich oder unwichtig sind.

Spalten-, Zeilenüberschriften auf Karten notieren, um sie auswechseln und in eine andere Reihenfolge setzen zu können.

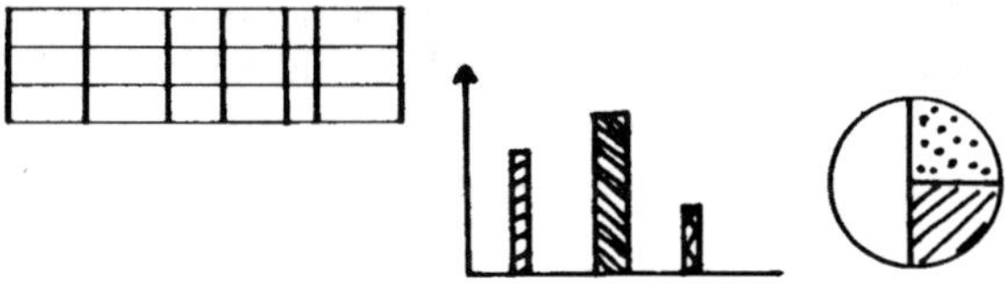

Säulen und Scheiben: erleichtern den Vergleich.

Bäume: werden benutzt, um Über- und Unterordnungen zu kennzeichnen.

„Zerlegungsweg“ „Zusammenfassungsweg“

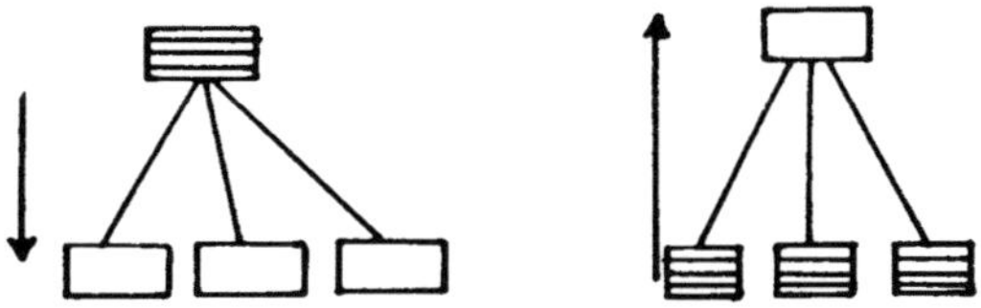

Netze: machen die Vielfalt der Zusammenhänge deutlich. Schwerpunkte werden betont. Vorsicht: nicht alles miteinander verbinden. Fehlende Beziehungen werden sichtbar. Verbindungslinien können gewichtet (starker oder schwacher Strich) oder gerichtet (Pfeil) werden.

Mit Netzen läßt sich *Dynamik* darstellen!

Bilden Sie außerdem eine Grob-, Mittel-, Feinstruktur Präsentieren Sie eine eindeutige und einprägsame Struktur. Sie ist das Gerüst, um das sich alles andere gruppiert.

Arbeiten Sie mit Reihungen:

Die Elemente werden in gleichen Abständen angeordnet und schlagen eine klar erkennbare Richtung ein.
Mindestens 3 Elemente, Optimum 5, nicht mehr als 10–12.

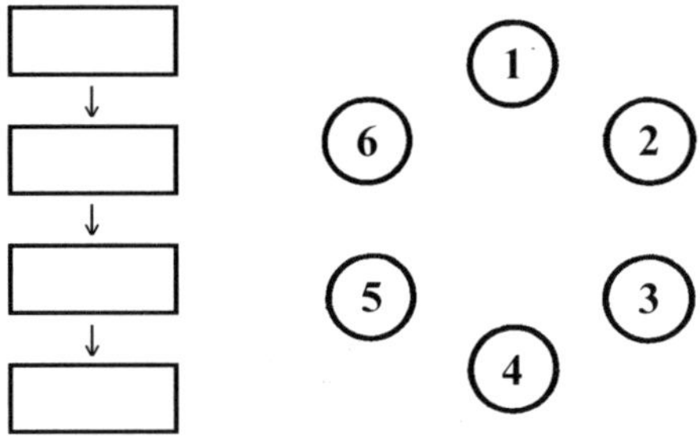

Rhythmus:

macht lange Reihungen lesbarer und übersichtlicher.
In Tabellen kann man z. B. die Zeilen abwechselnd in 2 Farben herstellen. Außerdem kann Rhythmus durch Formenwechsel und durch Versetzungen erzeugt werden.

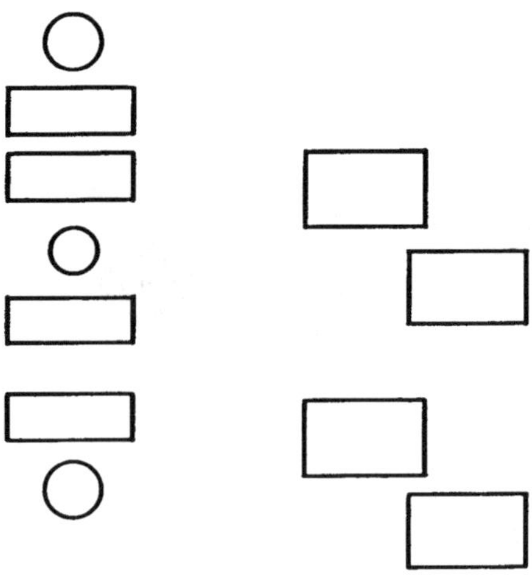

Wozu dienen nun die wichtigsten Instrumente der Visualisierung?
Die Tabelle zeigt die wesentlichen Verwendungszwecke (*E. Schnelle-Cölln*, S. 15):

Instrumente / Verwendungszwecke	Skala	Liste	Tabelle	Baum	Netz
Zugriff erleichtern		X	X		
Umfang erkennen		X			X
Bedeutung erinnern				X	X
Übersicht herstellen	X			X	X
Beziehungen kennzeichnen			X	X	X
Einprägsam machen				X	
Assoziationen auslösen					X

2.2.4.5 Vorteile der Visualisierung

Vorteil	*Begründung*
Aktivität ist höher.	Mehrere Beiträge können zur gleichen Zeit abgegeben werden.
Spontaneität und Motivation sind kaum gebremst.	Es fehlt die klassische „Zentralfigur" des Diskussionsleiters. Der Moderator beschränkt sich darauf, zum Ordnen und zur Klärung der Ergebnisse anzuleiten, an das Ziel zu erinnern und die Kooperation zu fördern.
Die Äußerungen pro Stunde sind etwa 6mal höher als in „Sitzungen".	Schreiben und Zeichnen werden zusätzlich zum Sprechen genutzt. Dadurch verkürzt sich der Redeaufwand.
Konzentration und Aufnahmebereitschaft steigen.	Da das Gedächtnis entlastet ist, ermüdet man langsamer.
Der Moderator wird nicht so leicht überlastet.	Die Teilnehmer sind mitverantwortlich für Prozedur und Interaktion; sie warten nicht auf „Führung".

Vorteil	*Begründung*
Die bisherige Entwicklung ist übersichtlich dargestellt. Die Ergebnisse prägen sich besser ein.	Der Ablauf und die bisherigen Ergebnisse sind für alle sichtbar. Das „Protokoll" befindet sich – geordnet nach den 5 Phasen – an der Wand.
Teilnehmer, die später zur Gruppe stoßen, finden sich rasch zurecht.	Siehe oben.
Mißverständnisse und Wiederholungen sind verringert.	Die wichtigsten Aussagen sind sichtbar festgehalten – zurückblicken statt rückfragen.
Abfragen der Ansichten aller Teilnehmer erfolgen schneller.	Es wird nicht reihum gefragt, sondern jeder schreibt zur gleichen Zeit.

Effizientere Kommunikation!

2.2.4.6 Ein Beispiel für praktische Anwendung visualisierter Kommunikation: Der Informationsmarkt

In großem Umfang macht man sich die Vorteile der Visualisierung bei Informationsmärkten zunutze. Hier die Darstellung eines der ersten Informationsmärkte, die in der Bundesrepublik inszeniert wurden: (Talk-Show für Steuermänner, Manager Magazin 11/74, S. 99, o. V.):

„Der Informationsmarkt ist eine Kommunikationstechnik, bei der Kernpunkte der zu vermittelnden Thematik an Informationsständen visualisiert werden. Zwei oder drei Moderatoren stellen das Thema mit verteilten Rollen einem Zuhörerkreis von möglichst nicht mehr als 30 Personen vor. Die Zuhörer können und sollen sich aktiv beteiligen. Anregungen werden mit Filzstift auf kleine Kärtchen geschrieben und mit Nadeln für alle sichtbar an Steckwände geheftet, angebotene Alternativen und Problemlösungen mit Klebepunkten bewertet, um die Meinung der Gruppe allen transparent zu machen."

Die Hapag-Lloyd AG verwendete das Medium „Informationsmarkt". Hier eine kurze Schilderung des Informationsmarktes durch das Manager-Magazin:

„Um neun Uhr wurde der Markt eröffnet. jeder hatte Zeit und Gelegenheit zu einem ausführlichen *Informationsrundgang.* Das Programm begann mit einer kurzen Einführung des Vorstandsprechers; dann folgte die erste von insgesamt *drei Standrunden*, die von einer kurzen Pause und einer längeren *Mittagspause* unterbrochen wurden. Eine anschließende *Podiumsdiskussion* versuchte, die Eindrücke von Veranstaltern und Teilnehmern zusammenzufassen und deutlich zu machen. Ein *Schlußwort* des Vorstandssprechers und ein *Ausklang* bei Sekt und Dixieland-Musik beschlossen den Tag in aufgelockerter Atmosphäre.

Der nicht unerhebliche Aufwand an Zeit und Geld wurde durch die Reaktion der Mitarbeiter in vollem Umfang gerechtfertigt. An fast allen Ständen gab es lebhafte, kritische, überwiegend konstruktive Diskussionen. Die meisten Teilnehmer waren bereit, ihre eigene Rolle als Führungskraft in Frage stellen zu lassen und zuzugeben, daß sie es besser machen könnten, wenn sie die angebotenen Hilfsmittel nutzten. An einem *'Spontanstand'*, an dem kein Thema vorgegeben war, versuchten die Moderatoren mit Erfolg, vorbeikommenden Marktbesuchern Themen zu entlocken, die unter der Oberfläche gärten und von allgemeinem Interesse waren. Die gelockerte Stimmung eines solchen Marktes, die Möglichkeit, zu Wort zu kommen und die verschiedensten Eindrücke zu sammeln, die hautnahe Diskussion am Problem – all das darf jedoch nicht darüber hinwegtäuschen, daß diese Informationstechnik auch Nachteile und Gefahren birgt.

So konnten sich die Teilnehmer in der zur Verfügung stehenden Zeit (immerhin einem ganzen Tag) nur mit drei der insgesamt zehn Themen befassen. Im übrigen waren sie auf kurzgefaßte Merkblätter angewiesen, die an jedem Stand auslagen.

Kritik und Folgerungen:

Ein Informationsmarkt kann also nur erster Auftakt sein, er kann nur erste Eindrücke vermitteln. Er kann aber besser als andere Informationsmethoden Anregungen geben und Interesse wecken, sich weiter mit der Thematik zu beschäftigen. Darin liegt zugleich die Gefahr, da der Erwartungshorizont der Teilnehmer nun sehr weit gesteckt ist und durch gut geplante Folgeaktivitäten ausgefüllt werden muß."

Zum Abschluß des Themas „*Visualisierung*" noch ein unkonventioneller Vorschlag (nach *D. Pym*, London Business School):

„*Warum dürfen Bürowände eigentlich nicht beschrieben werden?*... Es wäre ein leichtes, die Flächen alle paar Monate wieder zu überstreichen... Statt der bisher üblichen Hausmitteilungen könnten Nachrichten, neue Richtlinien und Verkaufslosungen einfach an die Wände geschrieben werden."

Da auch die Mitarbeiter jederzeit ihre Meinungen veröffentlichen können, kann der Vorschlag dazu beitragen, die Mitbestimmung unmittelbar am Arbeitsplatz zu verbessern.

In den zurückliegenden Kapiteln wurden anhand von Prüflisten Hinweise zur

- thematischen
- personellen und
- technischen *Vorbereitung* einer Besprechung gegeben.
- Außerdem wurde gezeigt, nach welchen 5 Phasen Sie den *Ablauf* einer Besprechung steuern und mit welchen Methoden Sie ihn analysieren können.
- Zuletzt ist die Methode der *Visualisierung* dargestellt worden als ein entscheidender Ansatz, um den Ablauf von Besprechungen zu rationalisieren.

Die *Nachbereitung* einer Besprechung stellt letztlich sicher, daß sich die Investition in Vorbereitung und Ablauf rentiert.

Das *Protokoll* ist für eine konsequente Nachbereitung eine entscheidende Voraussetzung.

2.3 Das Protokoll

Konsequente Visualisierung führt dazu, daß am Ende der Besprechung das *Protokoll* in 5 Phasen gegliedert (siehe S.32) *visualisiert* an der Wand hängt.

Während der Bespechung werden die Schwerpunkte sofort festgehalten. Jeder Teilnehmer kann sofort intervenieren, falls er mißinterpretiert oder eine Aussage der Gruppe vergessen wird. So wird späteres Korrigieren von Protokollen weitgehend ausgeschlossen. Die Ergebnisse werden unmittelbar von Flip-Chart-Bögen, Karten etc. abgeschrieben, fotografiert, kopiert. Die Teilnehmer nehmen das Protokoll am Ende der Besprechung gleich mit.

Unter diesem Aspekt sind die Aussagen zum Thema „Protokoll" zu verstehen; sie wurden zum Teil nach *Chr. Brassel* (S. 33–39, 46) zusammengestellt.

2.3.1 Warum Protokoll?

Knapp ausgedrückt: Weil unser Gedächtnis kurz ist und weil auch andere Menschen an den Besprechungsergebnissen interessiert sind.

Etwas ausführlicher: *Das Protokoll ist*

- betriebsinternes *Beweismittel* für später. Es gibt Auskunft darüber, was wann beschlossen wurde, wer welchen Auftrag erhalten hat, wer womit einverstanden war. Mitunter ist Protokollführung gesetzlich vorgeschrieben.
- eine *Chronik*, die uns selbst – zur Erinnerung später und als Arbeitsunterlage für die nächste Besprechung – aber auch Nachfolgern zur Erfassung der ursprünglichen Überlegungen dient („...aha, deshalb hat man damals dies und jenes beschlossen...“).
- ein *Informationsmittel* für Abwesende und für andere am Besprechungsergebnis Interessierte. Trägt dazu bei, die Teilnehmerzahl bei Meetings zu reduzieren.
- ein *Spiegel*: Einerseits erlaubt das (visualisierte) Protokoll den einzelnen Teilnehmern, Auffassungsdifferenzen und unklare eigene Ausdrucksweisen zu erkennen und zu korrigieren („...so, wie das protokolliert ist, habe ich das nicht gemeint...“).

Zusätzlich dient das Protokoll dem Leiter der Besprechung zur *Selbstkontrolle*. Er merkt es, falls Aufträge ohne Termin oder Beauftragte erteilt werden (sogenannte „Man-sollte-gelegentlich“-Aufträge). Er merkt es, wenn Diskussionen ohne Fazit – ohne Beschluß, Antrag oder Auftrag geblieben sind (was sie praktisch nutzlos macht). So kann der Moderator die Unterlassung nachholen. Ein guter Protokollführer weist allerdings schon beim visualisierten Protokollieren darauf hin.

2.3.2 Anforderungen an den Protokollführer

Motto: „Der neue Protokollführer ist mehr Antriebsachse
als Fahrtenschreiber.“

Die heutigen Anforderungen an einen Protokollführer werden aus der Checkliste (S. 78) deutlich: Der Protokollführer ist – nicht zuletzt durch das Einsetzen von Visualisierungstechniken – zum „Sekundanten“ des Moderators geworden.

Checkliste zum Beobachten des Protokollführers

Ja	Nein

1. Unparteilichkeit

- Werden Aussagen der Besprechungsteilnehmer verfälscht?
- Werden Aussagen der Besprechungsteilnehmer bewertet?
- Werden Aussagen der Teilnehmer nicht protokolliert?
- Trennt er klar seine Aufgabe als Protokollführer von der des Fach-Teilnehmers?
- Holt er sich die Zustimmung der Gruppe/des einzelnen für das, was er protokolliert? Stellt er Rückfragen?

2. Sachkompetenz

- Erkennt der Protokollführer Wesentliches?
- Faßt er Wesentliches zusammen?
- Hebt er Schwerpunkte hervor?

3. Sprache

- Formuliert der Protokollführer kurz, prägnant, einfach?
- Gliedert er das Protokoll übersichtlich nach den 5 Phasen?
- Ist das Protokoll auch für den verständlich, der nicht an der Besprechung teilgenommen hat?

4. Unterstützung des Moderators

- Hilft er mit, die richtige Sitzordnung zu schaffen?
- Weist er darauf hin, wenn der „rote Faden" verloren geht, die 5 Phasen nicht eingehalten werden?
- Hilft er mit, daß vereinbarte Zwischenzeiten sowie der geplante zeitliche Abschluß der Besprechung eingehalten werden?
- Ergänzt er den Moderator, wo es erforderlich ist?
  - Wird wirklich ein Entschluß gefaßt?
  - Werden Verantwortliche, Termine und andere Leistungsstandards (Kosten, Qualität, Quantität) fixiert?
  - Wird am Ende der Besprechung das Besprechungsergebnis der Fragestellung vom Beginn der Besprechung sowie der Zieldefinition gegenübergestellt?
- Fördert er die Prozedur der Besprechung, indem er
  - Kartenabfragen vorschlägt?
  - Gruppenarbeiten vorschlägt?
- Schlägt er Pausen vor, wenn die Teilnehmer ermüden?
- Erinnert er an die Zeit?

5. Protokolliertechniken

- Führt er das Protokoll synchron zu der Besprechung? (Protokolliert er kontinuierlich die Ergebnisse?)
- Schreibt er so groß, daß alle Teilnehmer es lesen können?
- Arbeitet er mit unterschiedlichen Farben?
- Trägt er dazu bei, vor Kartenabfragen eine eindeutige Fragestellung als Überschrift herauszuarbeiten?
- Schafft er bei Kartenabfragen eine klare Struktur?
- Hängt er beschriebene Flipchart-Bögen für jeden sichtbar auf? (Oder klappt er sie auf dem Flipchart-Ständer zurück?)
- Kann das Protokoll ohne zusätzliche Änderungen sofort von einer Sekretärin abgeschrieben werden? Ist es unterschriftsreif?
- Wird das Protokoll am Ende der Besprechung den Teilnehmern mitgegeben?

2.3.3 Protokollarten

Vorab: Ein gutes Protokoll hilft, die Zahl der Teilnehmer an Besprechungen zu reduzieren. Sie bieten all denen das Protokoll an, die nur teilnehmen, um informiert zu sein.

Protokollarten:

- Ergebnisprotokoll
- wörtliches Protokoll (Vollprotokoll)
- zusammenfassendes Protokoll (Kurzprotokoll)

Im „Kopf“ und Schluß sind alle drei Arten gleich. Im Text dagegen unterscheiden sie sich:

Das *Ergebnisprotokoll* hält nur die Beschlüsse und Auträge ohne Kommentar und Entstehungsgeschichte fest. Das ist übersichtlich, knapp und leicht protokollierbar.

Das *wörtliche* oder *Vollprotokoll* enthält den ganzen Verlauf im Wortlaut. Es ist daher lang und unübersichtlich, aber auch beweiskräftig. Es wird nur dort angewandt, wo es später wichtig ist, wer bei der Beratung was gesagt hat.

Das *zusammenfassende* oder *Kurzprotokoll* beschränkt sich auf die Wiedergabe von Aufträgen, Beschlüssen und auf die knappe Zusammenfassung jener Diskussionspunkte und Gedanken zu den 5 Phasen, die wesentlich waren. Es umfaßt nicht mehr, als für den späteren Benutzer wichtig sein könnte. Wenn die Namen der einzelnen Teilnehmer nicht für das Verständnis oder in Ausnahmefällen für die spätere Beweisführung nötig sind, wird ohne Namensnennung protokolliert. Dies hat den Vorteil, daß Stellungnahmen unterbleiben, die nur gemacht werden, damit der Sprecher namentlich – als *„Arbeitsnachweis“* – im Protokolltext aufgeführt wird.

Das Kurzprotokoll stellt die höchsten Ansprüche an den Protokollführer. Hier muß sorgfältig und richtig ausgewählt und damit gewertet werden (*was ist wesentlich?*). Die Auswahl und Wertung wird bei visualisiertem Protokoll von der gesamten Gruppe vorgenommen. Es empfiehlt sich, das Kurzprotokoll nach den 5 Phasen (S. 32) zu gliedern. Beispiele hierzu finden Sie auf S. 81 ff.

Auch *Mischformen* zwischen den drei Protokollformen kommen vor. Ein routinierter Protokollführer wird im gleichen Protokoll

- manches als Ergebnisprotokoll abfassen,
- anderes zusammenfassend protokollieren,
- und einiges wörtlich zitieren.

Aktennotizen schließlich sind formlos abgefaßte Berichte über einen Besprechungsverlauf (Festhalten von Reaktionen, Argumenten, Aussagen). Aktennotizen dienen als Gedächtnisstütze. Sie können angebracht sein bei Gesprächen mit Kunden, Lieferanten oder Konkurrenten, bei denen kein offizielles Protokoll vorgesehen oder möglich ist.

2.3.4 Aufbau des Protokolls (mit praktischen Beispielen)

a) Kopfteil (Deckblatt)

- Klassifizierung:
  - vertraulich (d. h. darf durch Sekretärin geöffnet werden)
  - persönlich (d. h. darf nur durch den Adressaten selbst geöffnet werden, außer mit dessen ausdrücklicher Einwilligung in jedem einzelnen Fall)
- Titel: Kurzprotokoll, Ergebnisprotokoll, wörtliches Protokoll
- Nummer: nur bei wiederholten Besprechungen der gleichen Gruppe
- Anlaß: Geschäftsleitungsbesprechung, Projektgruppe XY, Entscheidungsmeeting, Ideenkonferenz, Problemlösungskonferenz usw.
- Problemdefinition, Formulierung des Besprechungs- und des Projektziels
- Datum: Tag, Monat, Jahr (evtl. Zeitangabe, oft unwesentlich)
- Ort: (oft unwesentlich, in Einzelfällen wichtig – z. B. in Hauptversammlungsprotokollen)
- Anwesende mit Funktionen: Am unproblematischsten alphabetisch oder alphabetisch mit Moderator vorweg
- Abwesende Eingeladene mit Funktionen und evtl. Abwesenheitsgrund
- Protokollempfänger alphabetisch. Auch Empfänger von Protokollauszügen mit genauer Angabe, welchen Protokollteil sie erhalten. Empfänger von Protokollauszügen erhalten das Deckblatt und das Protokoll des sie interessierenden Problems.
- Das Protokoll ist ein ausgezeichnetes Informationsmittel. Überlegen Sie sich als Protokollführer genau, wer durch Protokoll oder Protokoll*auszug* orientiert werden sollte.
- Problemübersicht: Es erleichtert spätere Sucharbeit, wenn die besprochenen Probleme auf dem Kopfblatt aufgeführt sind.
- offene Fragen
- falls erforderlich: Einladung für ein Folge-Meeting (Termin, Zeit, Ort, Moderator, Protokollführer)

b) Textteil

Er spiegelt die Ergebnisse je nach Protokollart wider.

Hervorzuheben sind:

- Problemdefinition
- Gliederungspunkte (5 Phasen)
- Beschlüsse, Anträge, Qualifikationen wie „einstimmig“ etc.
- Aufträge mit Verantwortlichem. Bei Arbeitsgruppen einen Teilnehmer verantwortlich vereinbaren, ihn durch Unterstreichung kennzeichnen. Eventuell Auftragsnummer und immer genauen Termin angeben („sofort“, „umgehend“, „baldmöglichst“ sind keine präzisen Terminangaben): „bis 12. 8. 1998, 18 Uhr“ (falls so genau erforderlich).

Bewährt hat es sich, Beschlüsse und terminierte Aufträge am linken Rand hervorzuheben.

c) Schlußteil

- Datum der Protokollniederschrift. Wenn während der Besprechung visualisiert wurde, können – allenfalls nach geringer Überarbeitung – die Ergebnisse unmittelbar von den Flip-Chart-Bögen abgeschrieben werden.
- Unterschrift des Protokollführers
- Unterschrift des Moderators, falls erwünscht, und bei sehr wichtigen Protokollen die aller Teilnehmer
- Erwähnung von Anlagen

Protokoll zum Meeting der Projektgruppe „Neuer Standort“

Teilnehmer:
Ort:
Datum/Uhrzeit:

1. Problemdefinition
Welche Nachteile sehe ich für den Kunden durch den Neubau ... in .....?

2. Zielformulierung

Projektziel:	5% Umsatzsteigerung durch den Umzug nach ....
Besprechungsziel:	Maßnahmen, um die Nachteile des neuen Standortes im Bereich Infrastruktur auszugleichen

3. Ursachenanalyse

3.1 erster Eindruck am Bahnhof unattraktiv
3.2 S-Bahn-Takt ist zu lange
3.3 Entfernung S-Bahn – Unternehmen zu weit
3.4 Übernachtungsmöglichkeiten abschreckend
3.5 Gastronomie entspricht nicht den Erwartungen
3.6 Trabantenstadt ohne Flair
3.7 schlechte Erreichbarkeit mit dem Auto
3.8 City mit Einkaufsmöglichkeiten in weiter Entfernung

4. Lösungsvorschläge

4.1 Fahrdienst (zu 3.1, 3.2, 3.3, 3.7, 3.8)
4.2 Einfluß auf die Gemeinde geltend machen und Unterstützung derselben zusammen mit anderen Anliegern bzgl.
- Bahnhof (zu 3.1)
- Gastronomie/Hotel (zu 3.4, 3.5)
- Grünanlagen (zu 3.6)

4.3 zusätzliche Attraktionen schaffen
4.4 Gästehaus

5. Entschlußfassung und Aktionsplan

Aktion	*wer?*	*mit wem?*	*bis wann?*	*Kosten*
Konzept Fahrdienst erstellen	Hr.	noch offen	30.6.98	?
Kontaktbüro für andere Anlieger	Fr.	noch offen (evtl. Hr. ....)	15.3.98	?
Vorschlag für den Vorstand zur Infrastrukturverbesserung durch die Gemeinde bzg. Bahnhof, Gastronomie/ Hotel, Grünanlagen	Fr.	Hr.	18.2.98	?
Projektgruppe „Zusätzliche Attraktion(en) schaffen"	Hr.		31.3.98	?
Entscheidungsvorlage „Gästehaus"	Hr.		31.3.98	?

Zur Kenntnis genommen und die Richtigkeit bestätigt:

(Moderator, Protokollführer, Teilnehmer)

Protokoll zum Meeting
der Projektgruppe „Zusammenarbeit Filiale – Zentrale“

Teilnehmer:
Ort:
Datum/Uhrzeit:

1. *Problemdefinition*
   Wie können wir die Zusammenarbeit zwischen Filiale und Zentrale verbessern?

   Detaildefinition:
   – Wie können wir eine gemeinsame Sprache entwickeln u. verankern?
   – Wie können wir die Erreichbarkeit erhöhen?

2. *Zielformulierung*
   a) Projektziel: Verbesserung der Zusammenarbeit

   b) Besprechungsziel:
      – Maßnahmen zur Verbesserung der Zusammenarbeit
      – Maßnahmen zur Entwicklung und Verankerung einer gemeinsamen Sprache
      – Maßnahmen zur Steigerung der Erreichbarkeit

3. *Ursachenanalyse*
   – Zentrale halb englisch / halb deutsch
   – Vorbehalte der Mitarbeiter
   – Zentrale schreibt viel „Fachchinesisch“
   – Nicht eindeutige Sprache
   – Menge der Informationen ist Problem
   – Man versteht sich nicht
   – Zentrale-Mitarbeiter haben oft keine Kenntnis der Filiale
   – Geschwindigkeit der Umstrukturierung und verzögerter Informationsfluß

4. *Sammeln und Bewerten der Lösungsvorschläge*
   – Elektronische Bereitstellung der Informationen in strukturierter Form
   – Möglichst auf Fachausdrücke verzichten bzw. Übersetzung in Klammern dazuschreiben
   – Zentrale-Mitarbeiter besucht regelmäßig Fachabteilung, die er betreut
   – Filiale in EDV-Entwicklung mit einbeziehen

5. *Entschlußfassung und Aktionsplan*
   – Besuch bei Firma XY zur Untersuchung des elektr. Mediums zur Bereitstellung v. Informationen → Hr. ...., Hr. .... bis 28.11.
   – Zentrale Rundschreibenstelle ansprechen → Hr. .... bis 14.11.

– Personalabteilung ansprechen wegen Filialbesuchen → Fr. .... bis 14.11.
– Betriebsrat ansprechen → Hr. .... bis 14.11.

Nächste Besprechung: 8.12.98 wegen Detail-Problemdefinition „Wie können wir die Erreichbarkeit erhöhen?“

Moderator, Protokollführer, Teilnehmer: ____________________ 8.11.98

Zur Kenntnis genommen und die Richtigkeit bestätigt:
(Namen aller Teilnehmer)

2.3.5 Durchführung von Aufträgen und Beschlüssen: die Auftragsliste

Der Protokollführer stellt sicher, daß Abwesende durch Übermittlung des Protokolls (eines Protokollauszuges) von Aufträgen erfahren. Oft bleiben dennoch klare Protokollaufträge unrealisiert. Hier hilft eine Auftragsliste.

a) Aufbau einer Auftragsliste (Beispiel siehe S. 85).

Damit Aufträge aus alten Protokollen mit längeren Terminfristen nicht vergessen werden (vom Moderator und vom Beauftragten), wird eine Auftragsliste erstellt. Sie wird zu und nach jeder Besprechung durch den Protokollführer dem neuesten Stand angepaßt und dem Protokoll beigefügt.

Eine Auftragsliste enthält:

– einen klaren Quellenhinweis: Auftragsnummer, wo nicht vorhanden, Protokollnummer oder Datum der Besprechung mit Problemdefinition.
– Die Auftragsumschreibung (Stichwort, Quantität, Qualität, Kosten), damit der Beauftragte erinnert wird und handeln kann, ohne im Protokoll nachzuschlagen.
– den Erledigungstermin. Die Auftragsliste wird am besten nach Fälligkeitsterminen geordnet, nicht nach Auftragsnummern. Die Terminüberwachung wird dadurch erleichtert.
– den Beauftragten.
– Erstellungsdatum und eventuell Nummer der Auftragsliste. Frühere Listen sind ungültig.

Beispiel für eine Auftragsliste (*Chr. Brassel*)

Liste 124
(ersetzt alle früheren Listen)

Aufträge aus Wochenbesprechungen der Finanzbuchhaltung
(nach Fälligkeitsterminen geordnet)

Auftrag Nr.	Aus Protokoll Nr.	Betrifft (Stichwort)	Termin	Beauftragter
448	122	Statistik Mahnwesen	20. 3. 99	B. Wecker
321	98	Liegenschaft Pensionskasse	31. 3. 99	M. Schild
472	124	neue Maschine	31. 3. 99	P. Vetsch
460	123	revidiertes Quartalsbudget	15. 4. 99	W. Schmidt
425	120	Datensicherung Buchhaltg.	30. 4. 99	F. Kaspar
461	123	Zahlungskontrolle	15. 5. 99	R. Amacher
. . .	. . .	. . .	. . .	. . .
. . .	. . .	. . .	. . .	. . .
. . .	. . .	. . .	. . .	. . .
. . .	. . .	. . .	. . .	. . .
. . .	. . .	. . .	. . .	. . .
473	124	Reorganisation Spesenabrechnung	22. 6. 99	B. Wecker

geht an: alle Protokollempfänger
16. 3. 1999/Mr-bs

b) Überwachung der Aufträge

Der Moderator stimmt mit den Teilnehmern ab, ob er selbst, der Protokollführer oder eine Sekretärin für die Überwachung der Termine nach der Auftragsliste zuständig sein soll und wie das vor sich zu gehen hat. Möglichkeiten:

- Meldung nur, wenn bei der Auftragserledigung Schwierigkeiten auftreten.
- Meldung der Auftragserledigung an den Besprechungsleiter oder den Protokollführer oder …
- Kontrollfrage über die Auftragserledigung durch den Besprechungsleiter, den Protokollführer oder die Sekretärin kurz vor dem Termin oder zum Termin oder (spätestens) bei der nächsten Besprechung.

2.4 Nachbereitung

Bevor Sie sich zu einer Besprechung entschlossen haben, haben Sie über Problem und Ziel, die Notwendigkeit der Besprechung, Ihre Kompetenz, den Teilnehmerkreis und den Termin nachgedacht. Letzte Pflicht jedes Moderators ist es, sich Rechenschaft abzulegen, ob

- das Problem gelöst, das Ziel erreicht wurde,
- die Besprechung dazu wirklich nötig war,
- Termin, Teilnehmerkreis, Organisation, Raum, Hilfsmitteleinsatz, Arbeitspapiere, Moderation und Ablauf den Anforderungen entsprachen,
- alle Problemstellungen mit konkreten Ergebnissen (Beschlüssen, terminierten Aufträgen) abgeschlossen wurden.

Es ist zu korrigieren, was sich noch korrigieren läßt (nachträglich Aufträge formulieren, Termine vereinbaren und im Protokoll verankern).

Hier nun einige zusammenfassende Hinweise:

Entnehmen Sie diese Hinweise, lassen Sie sie kopieren. Geben Sie sie Ihren Mitarbeitern und Kollegen. Oder verwenden Sie das Faltblatt und Plakat „Verhalten und Technik in Besprechungen“ (siehe Literaturverzeichnis, *Stroebe*). Diskutieren Sie darüber – vor oder nach der nächsten Besprechung.

3. Zusammenfassende Prüfliste zum Verhalten und zur Technik in Besprechungen

Bitte markieren Sie einen oder zwei Punkte, die für Sie besonders wichtig sind. Verfolgen Sie diesen Punkt/diese Punkte in den nächsten vier Wochen. Prüfen Sie dann, was Sie erreicht haben. Markieren Sie einen neuen Punkt. Verfolgen sie diesen ebenfalls ganz konsequent. Fahren Sie so fort, bis Ihnen Ihr Verhalten und Ihre Technik gut genug erschcint.

	Bemerkungen/ Folgerungen
– Ist die Besprechung wirklich erforderlich? Kann Sie zum Beispiel durch Zweier-Gespräche ersetzt werden? Welche Punkte sind vorher in Einzelgesprächen zu klären? Werden regelmäßige Besprechungen spätestens alle 6 Monate mit der Frage überprüft: „Wozu benötigen wir diese Besprechungen eigentlich?“	
– Welche Art von Besprechung ist geplant? (Ideenfindung? Problemlösung? Entscheidung? Koordination?) Wenn Mischform: Ist die Besprechung eindeutig strukturiert, und sind die einzelnen Punkte terminiert?	
– Ist die Problemdefinition als Frage formuliert? Ist das Problem in Teilprobleme aufgegliedert? Ist Übereinstimmung zur Problemdefinition erzielt worden? Ist das Problem (als Vorschlag) mindestens 24 Stunden vor Besprechungsbeginn bekanntgegeben worden?	
– Ist das *Besprechungsziel* so formuliert worden, daß am Ende der Besprechung geprüft werden kann, ob es erreicht ist? Sind Teilziele formuliert worden? Ist das *Projektziel* klar, in dessen Rahmen das Besprechungsziel steht?	

	Bemerkungen/ Folgerungen
– Ist geklärt, wer in dieser Besprechung am besten als Moderator geeignet ist? (*Ungeeignet* ist im allgemeinen derjenige, der am meisten vom Problem versteht oder stark davon betroffen ist.)	
– Ist der Teilnehmerkreis auf maximal 9 Personen beschränkt? Ist im voraus für gleichen Informationsstand aller Teilnehmer gesorgt worden?	
– Sind zu Beginn der Besprechung die Problemdefinition als Frage, Besprechungs- und Projektziel visualisiert worden? Sind sie für jeden Teilnehmer während der gesamten Besprechung sichtbar?	
– Wer ist verantwortlich, daß der richtige Raum, in der richtigen Ausstattung mit den erforderlichen technischen Hilfsmitteln zur Verfügung steht?	
– Ist jedem Besprechungsteilnehmer klar, daß nicht nur der Moderator, sondern jedes Gruppenmitglied für Prozedur, Inhalt und Interaktion in einer Besprechung zuständig und mitverantwortlich ist? Ist klar, daß Vorgänge in der Gruppe nicht nur das Problem eines einzelnen – des Moderators oder eines „Querulanten" –, sondern eine Herausforderung für die Gesamtgruppe sind?	
– Hat die Besprechung die Form einer Aussprache (nicht die einer Ansprache oder eines Dialogs)?	
– Diskutiert die Gruppe über ihre Arbeitsfähigkeit, wenn sie inhaltlich nicht weiterkommt?	
– Ist am Beginn der Besprechung an die 5 Phasen erinnert worden? (1. Problemdefinition, 2. Zielformulierung, 3. Ursachenanalyse, 4. Sammeln und Bewerten der Lösungsvorschläge, 5. Entschlußfassung und Aktionsplan) Hängen die 5 Phasen sichtbar an der Wand? (Plakat zur Vorbereitung und Durchführung von Besprechungen s. Literaturverzeichnis, *Stroebe*)	

	Bemerkungen/ Folgerungen
– Ist ein Zeitlimit für das Ende der Besprechung vereinbart? Wird das Zeitlimit eingehalten? – Wer ist Protokollführer? Weiß er, daß er nicht nur „Schreiber“ ist, sondern daß er den Moderator beim Steuern der Besprechung ergänzt (z. B. durch Zusammenfassungen, durch Nachfragen, durch Hinweise zur Prozedur)? Weiß er, daß das Protokoll synchron (on-line) visualisiert wird? Sind die visualisierten Inhalte für alle Teilnehmer sichtbar? Fordert er die Teilnehmer auf, selbst zu visualisieren? Schlägt er z. B. Kartenabfragen vor? Achtet er darauf, daß sie wirklich verwertet werden? Ist die Art des Protokolls geklärt (Ergebnis-, Voll-, Kurzprotokoll)? – Wird das Protokoll am Ende der Besprechung ausgehändigt? – Lassen sie die Besprechung beobachten? (Beobachtungsbögen siehe S. 35, 40, 44, 46, 47, 48, 53, 56, 58, 78) – Haben Sie bei größeren Gruppen Wortmeldungen vereinbart? Rufen Sie nicht nur nach der zeitlichen Folge der Wortmeldungen, sondern auch nach der Zugehörigkeit zu Problemkreisen auf? – Unterstützen Sie die „Stillen im Lande“? – Wenn die Gefahr besteht, daß eine Minderheit majorisiert wird: Lassen Sie einen „advocatus diaboli“ wählen, der die Minorität unterstützt? Wechseln Sie ihn von Besprechung zu Besprechung? – Helfen Sie, verdeckte Konflikte manifest zu machen, um sie so besser lösen zu können? – Hüten Sie sich davor, Partei zu ergreifen? Lassen Sie der Gruppe genug Spielraum zu selbständiger Bewertung und Meinungsbildung?	

	Bemerkungen/ Folgerungen
– Halten Sie sich genug zurück? Hören Sie zu? Beanspruchen sie nicht mehr als etwa 20 % der Wortmeldungen für sich? Wie hoch ist Ihr „Quasselindex“? (Länge der eigenen Redezeit dividiert durch die Zahl der eigenen Beiträge) – Achten Sie darauf, wieviele Ihrer Wortmeldungen sich an die gesamte Gruppe und wieviele sich an einzelne Teilnehmer richten? (Ein ausgeglichenes Verhältnis zeigt, daß Sie sowohl die Gruppe als auch den einzelnen Teilnehmer würdigen.) – Zeigt ein Teilnehmer „Streben nach der Führerrolle“? Integrieren Sie ihn, indem Sie ihn an Führungsfunktionen teilnehmen lassen (ein Führungsdual bilden)? Zum Beispiel ihn bitten, als Protokollführer zu „sekundieren“? – Erheben Sie ab und zu nach einer Besprechung die Zufriedenheit der Teilnehmer? (Einen Fragebogen finden Sie auf S. 56) Diskutieren Sie mit den Teilnehmern das Ergebnis und ziehen Sie Folgerungen?	

4. 13 Testaufgaben zum Thema „Verhalten und Technik in Besprechungen“

Hinweise zum Bearbeiten des Tests:

- Wenn Sie bei einer Aufgabe die Lösung nicht kennen, lassen Sie das Antwortfeld einfach frei. Bitte nicht raten!
- Bitte beachten Sie, daß Mehrfachnennungen möglich sind.
- Achten Sie bitte darauf, daß bei einer Aufgabe alle vorgegebenen Antwortmöglichkeiten falsch sind.

Kreuzen Sie bitte bei den Aufgaben, bei denen verschiedene Antwortmöglichkeiten vorgegeben sind, den (die) zugehörigen Buchstaben an.

Aufgabe 1

Hier ein Definitionsvorschlag für den Begriff „Besprechung“:

„Besprechungen sind offiziell organisierte Kommunikations-Veranstaltungen zur verantwortlichen Beantwortung präziser *Fragen.*“

Wie können diese „Fragen“ bei den 4 Besprechungsarten lauten?

1. Bei der Ideenfindungsbesprechung?

   . . . .

2. Bei der Problemlösungsbesprechung?

   . . . .

3. Bei der Entscheidungsbesprechung?

   . . . .

4. Bei der Koordinationsbesprechung?

   . . . .

Aufgabe 2

Sie wissen, daß es in der Praxis 4 Arten von Besprechungen gibt:

- Ideenfindungsbesprechungen
- Entscheidungsbesprechungen
- Problemlösungsbesprechungen
- Koordinationsbesprechungen

Welche Besprechungsart wird jeweils bei den folgenden Zielen erforderlich?

a) Bei einem neuen Projekt geht es darum, sich zu einigen, welche Abteilungen und Mitarbeiter welche Aufgaben übernehmen.

Besprechungsart: . . . .

b) Bei einem Auto-Modell treten lästige Windgeräusche auf. Ein Team von Ingenieuren soll Abhilfe schaffen.

Besprechungsart: . . . .

c) Eine Organisation führt EDV ein. Vertreter der verschiedenen Abteilungen diskutieren die Zusammenarbeit der Abteilungen bei diesem Schritt.

Besprechungsart: . . . .

d) Eine Organisation möchte das Training für mittlere und obere Führungskräfte organisatorisch vereinfachen und effizienter gestalten lassen. Dazu konferieren verschiedene Fachleute mit einer Fortbildungseinrichtung.

Besprechungsart:. . . . .

e) Ein Team trifft sich, um in ungezwungener Atmosphäre erste Vorschläge zum Erreichen eines Innovationsziels zu entwickeln.

Besprechungsart:. . . . .

Aufgabe 3

Welches ist der erste und welches sind die darauffolgenden Schritte in einer Problemlösungsbesprechung.

Bezeichnen Sie bitte die Reihenfolge der Schritte von 1 bis 5:

	Reihenfolge
a) Ursachenanalyse	
b) Zielformulierung	
c) Sammeln und Bewerten von Lösungsvorschlägen	
d) Problemdefinition	
e) Entschlußfassung, Aktionsplan	

Aufgabe 4

Wir unterscheiden drei Hauptelemente in einer Problemlösungsbesprechung:

- Interaktion
- Prozedur
- Inhalt

Kreuzen Sie bitte die jeweils richtige Definition an!

Interaktion

a) Zwischenaktion in Konferenzen, die vom Thema wegführt
b) Überleitung zwischen zwei neuen Beiträgen
c) Zwischenmenschliche Wechselwirkung

Prozedur

a) Richtlinienkompetenz des Moderators
b) Verfahrensweise und Struktur der Besprechung
c) Organisation von Entscheidungsprozessen

Inhalt

a) Kommunikationselemente in der Besprechung
b) Zielorientierte Beiträge

Aufgabe 5

Bitte nennen Sie 9 häufige negative Interaktionen!

- . . . .
- . . . .
- . . . .
- . . . .
- . . . .
- . . . .
- . . . .
- . . . .
- . . . .

Aufgabe 6

Interaktion, Prozedur und Inhalt sind die drei Hauptelemente einer Problemlösungsbesprechung.

Was ist wohl richtig?

a) Nur der Moderator kann und muß sich um alle drei Elemente kümmern.

b) Jeder Teilnehmer sollte alle drei Elemente beobachten und beeinflussen.

c) Niemand kann sich gleichzeitig um alle drei Elemente kümmern.

Aufgabe 7

Welches sind die wichtigsten Voraussetzungen für einen guten Moderator?

a) umfassende Fachkenntnis

b) hohe betriebliche Position

c) Geschick bei der Förderung von Kooperation

d) Geschick bei der Lenkung zum Ziel hin

Aufgabe 8

Ordnen Sie bitte den folgenden Ausschnitten aus Besprechungen die fünf Besprechungsphasen zu:

1. Problemdefinition
2. Zielformulierung
3. Ursachenanalyse
4. Sammeln und Bewerten von Lösungsvorschlägen
5. Entschlußfassung und Aktionsplan

Beispiel	*Phase*
a) „Der Vorschlag, einfach abzuwarten, wie sich die wirtschaftliche Lage entwickelt, ist meiner Ansicht nach Vogel-Strauß-Politik. Das ist keine Lösung."	__________
b) „Meine Herren, ich lese Ihnen nun den Ergebnisbericht vor und bitte Sie, anschließend durch Ihre Unterschrift Ihre Zustimmung auszudrücken."	__________
c) „Zur Ausführung dieser Vorschriften kommen doch die meisten Klagen. Erst danach wird der zusätzliche Personalaufwand genannt."	__________
d) „Es geht darum, einen Weg zu finden, durch den wir verhindern können, daß unsere ausländischen Mitarbeiter zu einer abgekapselten Minderheit werden."	__________
e) „Die Frage, die unsere Runde heute beantworten will, lautet doch wohl: Wie können wir unsere Besprechungen effizienter und motivierender gestalten?"	__________

Aufgabe 9

Sie haben die fünf Phasen eines typischen Besprechungsverlaufes kennengelernt. Wir nennen Ihnen eine charakteristische Tätigkeit aus jeder Phase.

Schreiben Sie die zutreffende Phase bitte jeweils dazu!

a) Beiträge bewerten = ...
b) Besprechungsziel erarbeiten = ...
c) Ursachen analysieren = ...
d) Einigung auf einen Vorschlag = ...
e) Probleme in Form von Fragen sammeln = ...

Aufgabe 10

Ein Problem rechtfertigt eine Besprechung,

1. wenn ein Problem von der *Vielzahl seiner Aspekte* her am besten von einer Gruppe behandelt wird,
2. wenn es erforderlich ist, daß die *Entscheidung von der ganzen Gruppe* getragen wird.

Unter welchem der zwei Gesichtspunkte befürworten Sie bei den folgenden Beispielen eine Besprechung?
(Es können auch beide in Frage kommen!)

Problem A:

Soll der Jahresurlaub auf eine andere Zeit gelegt werden?
Warum ist die Besprechung vor allem gerechtfertigt?

. . . .

Problem B:

Soll ein neuer Arbeitsprozeß eingeführt werden?
Warum ist die Besprechung gerechtfertigt?

. . . .

Aufgabe 11

Ein Besprechungsziel muß so formuliert werden, daß jederzeit eindeutig entschieden werden kann, ob es erreicht ist oder nicht. Außerdem muß es erreichbar sein.

Erfüllen die folgenden Formulierungen diese Forderung?
Wenn ja, welche der Formulierungen?

a) „Probleme einer Strategie der Öffentlichkeitsarbeit“
b) „Mängel bei der technischen Ausführung“
c) „Behandlung von Beschwerden unter besonderer Berücksichtigung der Bürgerinitiativen“

Aufgabe 12

Welche der drei folgenden Verhaltensweisen eines Moderators fördert die Zielerreichung der Gruppe am *wenigsten*?

a) Ordnen, klären, Gegensätze verdeutlichen

b) Vorschläge machen

c) An das Ziel erinnern

Aufgabe 13

(Bitte nur die wichtigste Antwort auswählen!)

Ein Moderator sollte Minoritäten

a) beachten

b) überzeugen

c) unterstützen

Antworten zum Test „Verhalten und Technik in Besprechungen"

Bitte tragen Sie Ihre Antworten in die dafür vorgesehene Spalte ein.
Sie können Ihre Lösungen dann leicht mit den richtigen Antworten vergleichen.

Unterschiede zwischen Ihren und unseren Antworten fordern Sie auf, darüber nachzudenken.

Aufgabe	richtige Antwort	meine Antworten
1	Präzise Fragen (sinngemäß) 1. Bei der Ideenfindungs-besprechung: „Welches ist die beste Idee für unser Vorhaben?" 2. Bei der Problemlösungs-besprechung: „Wie können wir das Problem lösen?" 3. Bei der Entscheidungs-besprechung: „Welches ist die beste Entscheidung, um einen hohen Nutzwert und einen geringen Risikowert zu erzielen?"	

Aufgabe	richtige Antwort	meine Antworten
	4. Bei der Koordinations- besprechung: „Wie können wir unsere Tätigkeiten aufeinander abstimmen?“	
2	a: Koordinationsbesprechung b: Problemlösungsbesprechung c: Koordinationsbesprechung d: Problemlösungsbesprechung e: Ideenfindungsbesprechung	
3	3) Ursachenanalyse 2) Zielformulierung 4) Sammeln und Bewerten von Lösungsvorschlägen 1) Problemdefinition 5) Entschlußfassung, Aktionsplan	
4	Interaktion: c) zwischenmenschliche Wechselwirkung Prozedur: b) Verfahrensweise und Struktur der Besprechung Inhalt: b) zielorientierte Beiträge	
5	– persönlich kritisieren – nicht ausreden lassen – aneinander vorbeireden – majorisieren – Monologe halten – „Haare spalten“ – vor einem Problem fliehen (z. B. vertagen) – unbewiesene Behauptungen aufstellen (bluffen) – Einzelfälle verallgemeinern	

Aufgabe	richtige Antwort	meine Antworten
6	b)	
7	c), d)	
8	Beispiel a) 4. Sammeln und Bewerten von Lösungsvorschlägen b) 5. Entschlußfassung c) 3. Ursachenanalyse d) 2. Zielformulierung e) 1. Problemdefinition	
9	a = 4. Sammeln und Bewerten von Lösungsvorschlägen b = 2. Zielformulierung c = 3. Ursachenanalyse d = 5. Entschlußfassung e = 1. Problemdefinition	
10	Problem A: Die Besprechung ist gerechtfertigt, weil *die Entscheidung von der ganzen Gruppe* getragen werden muß. Problem B: Die Besprechung ist gerechtfertigt, weil wegen der *Vielzahl der Aspekte* mehrere Fachleute notwendig sind und der neue Prozeß von der ganzen Gruppe *akzeptiert sein muß.*	

Aufgabe 11

Keine der drei Formulierungen ist ein präzises Besprechungsziel.

Es kann am Ende der Besprechung nicht eindeutig beantwortet werden, ob das Ziel erreicht wurde oder nicht.
Wählen wir zur Begründung das Thema „Mängel bei der technischen Ausführung“: Wissen Sie wirklich, welche von den folgenden Fragen beantwortet werden soll?

- Welche technischen Mängel treten auf?
- Warum treten technische Mängel auf?
- Wie kann man die Mängel beseitigen?
- Welchen Verlust brachten die Mängel?
- Wie behandelt man die Reklamationen?
- Sollen mehrere dieser Fragen beantwortet werden?
- Sollen vielleicht andere Fragen beantwortet werden?

Ziel der Besprechung kann zum Beispiel sein,

- die Ursachen für die Mängel zu analysieren und zu priorisieren,
- Lösungen für die wichtigsten Ursachen zu entwickeln,
- über das weitere Vorgehen zu entscheiden und sich auf einen Verantwortlichen zu einigen.

Aufgabe	richtige Antwort	meine Antworten
12	b) Vorschläge machen	
13	c) unterstützen	

5. Wie gut habe ich Verhalten und Technik in Besprechungen verbessert?

Fragebogen (*Gerd Schäfer*)

Lassen Sie Ihre Sekretärin Kopien dieses Bogens anfertigen und sich und ihren Besprechungsteilnehmern nach 6 Wochen vorlegen.

Bitte kreuzen Sie auf den nachfolgenden Skalen an, was zutrifft.

Beispiel:

es hat sich positiv verändert | x | | | | | | | wie bisher

- Besprechungen sind jetzt kürzer und zielgerichteter — positiv 6 5 4 3 2 1 0 wie bisher
- Besprechungen sind jetzt disziplinierter hinsichtlichWortmeldungen, Unterbrechungen, positiver Interaktion — positiv 6 5 4 3 2 1 0 wie bisher
- Es wird auf einen optimalen 5-Phasen-Ablauf in den Besprechungen geachtet (Problem definieren, Ziel formulieren, Ursachen sammeln, Lösungen sammeln und gewichten, Entschlüsse fassen — positiv 6 5 4 3 2 1 0 wie bisher
- Es wird besser und mehr visualisiert. Das Protokoll ist am Ende der Besprechung visualisiert, mit den Teilnehmern abgestimmt und ausgehändigt. Beiträge sind sachlicher und kürzer — positiv 6 5 4 3 2 1 0 wie bisher
- Die Qualität der Besprechungsergebnisse ist gestiegen — positiv 6 5 4 3 2 1 0 wie bisher
- Es sind mindestens 2 Besprechungen auf Häufigkeit der Wortmeldungen, Redezeit und Zahl der Unterbrechungen pro Teilnehmer beobachtet und ausgewertet worden — ja 6 5 4 3 2 1 0 nein

Welche zusätzlichen Anmerkungen können Sie noch machen?

Falls Sie das eine oder andere *nicht* in die Praxis umsetzen konnten: Was sind die Gründe dafür? (*Gründe*, nicht Ausreden)

6. Literaturverzeichnis

Bataillard, V.	Die Pinwand-Technik, Zürich o. J.
Baumberger, H. U.	Ausschüsse und Komitees als Organe der Willensbildung und der Information, in: Willensbildung in der Unternehmung, Bern o. J.
Berkel, K.	Das Mitarbeitergespräch (Faltblatt) zu bestellen bei K. Berkel, Frauenbergstr. 51 a, 85402 Kranzberg, Tel. 08166/8943, Fax 08166/684523, 1998
Brassel, Chr.	Organisation und Leitung von Besprechungen und Konferenzen, Kursunterlage 1975
Cohn, R.	Von der Psychoanalyse zur themenzentrierten Interaktion, 9. Aufl. 1990
Finniston, M.	Information, Communication and Management, A slib Proceedings 27 (8), August 1975
Fisher, R., Ury, W.	Das Harvard-Konzept. Sachgerecht verhandeln, Frankfurt 1988
Gerfen, W.	Videokonferenz – ein Leitfaden für Anwender, Heidelberg 1986
Gordon, Th.	Managerkonferenz, Hamburg 1989, Familienkonferenz, Hamburg 1989
Institut Neuland (Hrsg.)	Ein nützlicher Ratgeber für Flip-Chart-Benutzer, 1995
Kasprzik,W.	Willensbildung in der Gruppe, Moderation statt Führung, Quickborn 1973
Kirckhoff, M.	Mind Mapping. Die Synthese von sprachlichem und bildhaftem Denken, Berlin 1988
Kirsten, R. E., Müller-Schwarz, J.	Gruppentraining. Ein Übungsbuch mit 59 Psychospielen, Trainingsaufgaben und Tests, 1976
Klebert, K. u. a.	Moderations-Methode, Rimsting 1985
Kunz, H. U.	Spitzenleistung im Team, Zürich/Heidelberg, 2. Aufl. 1994

Mintzberg, H.	Was Manager wirklich tun, Manager Magazin 7/76
Motamedi, S.	Präsentation, 2. Aufl., Heidelberg 1998
Muchielli, R.	Gruppendynamik, Salzburg o. J.
Müller-Wolf, H.-M., Müller, K.-U.	Kommunikation und Verhaltenstraining für Dozenten. In: Fittkau, B. et al. 1977, S. 260–307
Neuland, M.	Neuland-Moderation, 1995
Rüdenauer, M.	Durchsetzungsvermögen in Besprechungen und Konferenzen – Technik, Taktik, Psychologie, 3. Aufl., Kissing 1982
Salbaderer, Th. O.	in: Wunderlich, O., Entfesselte Wissenschaft, Opladen
Schnelle, E. u. a.	Gesprächstechnik für Gruppen, Quickborn 1973
Schnelle-Cölln, T.	Visualisierung, die optische Sprache für problemlösende und lernende Gruppen, Quickborn 1975
Schnelle-Cölln, T. u.a.	Visualisieren in der Moderation, Hamburg 1998
Schnelle, W., Stoltz, I.	Interaktionelles Lernen, Leitfaden für die Moderation lernender Gruppen, Quickborn 1976
Schulz v. Thun, F.	Miteinander reden: Störungen und Klärungen, Hamburg 1981
Stroebe, R. W.	Faltblatt „Verhalten und Technik in Besprechungen“ für Moderatoren und Teilnehmer; Plakat zur Vorbereitung und Durchführung von Besprechungen zum Aufhängen in Besprechungsräumen; Faltblatt „Konfliktmanagement“; Faltblatt „Kommunikation“, zu bestellen bei: Irmgard Stroebe , Kuckuckstr. 47, 82237 Wörthsee. Tel. 0 81 53/76 85, Fax 0 81 53/8 94 03, 1998
Tosch, M.	Besprechungen moderieren, 1997
Ury, W.	Schwierige Verhandlungen, Frankfurt 1992
Wegenstein, W. O.	Vorgehenstechnik – Wie erreichen Sie Ihre Ziele?, Bern o. J.

Zur Person des Verfassers:

Dr. Rainer W. Stroebe

Studium der (Wirtschafts-)Psychologie.

Danach Leiter der Aus- und Fortbildung eines süddeutschen Großunternehmens.

(Thema der Dissertation: „Programmierte Unterweisung im Ausbildungssystem des Industriebetriebes".)

Seit 1970 selbständig mit den Schwerpunkten:

– Management-Training
– Persönlichkeitsentwicklung
– Organisationsentwicklung
– Ausbildung von Management-Trainern

Veröffentlichungen im I. H. Sauer-Verlag zu Kernthemen des Management-Trainings. (Bände 2–9 der Arbeitshefte zur Führungspsychologie.)

Herausgabe von Arbeitsmaterialien für Führungskräfte (z. B. Faltblätter, Karikaturenbücher) im Selbst-Verlag, Kuckuckstr. 47, 82237 Wörthsee, Tel. 0 81 53/76 85, Fax 0 81 53/8 94 03

Arbeitshefte Führungspsychologie

Herausgegeben von Prof. Werner Bienert und Prof. Dr. Ekkehard Crisand.

■ Typisch für die Hefte: verständlich, wissenschaftlich fundiert, lernpsychologisch aufbereitet und portioniert. Sie sind somit zur Aus- und Weiterbildung von Fach- und Führungskräften sowie im Rahmen des Studiums an Hochschulen und Akademien bestens geeignet. Die inzwischen erreichte Gesamtauflagenhöhe von fast 300 000 Exemplaren spricht für sich.

Band 1	Psychologie der Persönlichkeit (Crisand)
Band 2	Grundlagen der Führung (Stroebe/Stroebe)
Band 3	Führungsstile (Stroebe/Stroebe)
Band 4	Motivation (Stroebe/Stroebe)
Band 5	Kommunikation I (R. W. Stroebe)
Band 6	Kommunikation II (R. W. Stroebe)
Band 7	Arbeitsmethodik I (R. W. Stroebe)
Band 8	Arbeitsmethodik II (R. W. Stroebe)
Band 9	Gezielte Verhaltensänderung (Stroebe/Stroebe)
Band 10	Transaktions-Analyse (Rüttinger)
Band 11	Psychologie der Gesprächsführung (Crisand/Crisand)
Band 12	Psychologie der Jugendzeit (Crisand/Kiepe)
Band 13	Anti-Streß-Training (Crisand/Lyon)
Band 14	Lernpsychologie für den beruflichen Alltag (Heineken/Habermann)
Band 15	Konflikttraining (Berkel)
Band 16	Führung von Gruppen (Rahn)
Band 17	Ursachen von Erfolg und Mißerfolg im Betrieb (Vollmer)
Band 18	Das Gespräch in der betrieblichen Praxis (Crisand)
Band 19	Psychologische Grundlagen im Führungsprozeß (Crisand/ Herrle)
Band 20	Das Sachgespräch als Führungsinstrument (Crisand/Crisand/Adler)
Band 21	Präsentation (Motamedi)
Band 22	Mitarbeiter-Coaching (Brinkmann)
Band 23	Methodik der Konfliktlösung (Crisand/Reinhard)
Band 24	Akzeptiertes Führungsverhalten (Schmidt)
Band 25	Know-how der Persönlichkeitsbildung (Crisand/Crisand)
Band 26	Umgang mit suchtgefährdeten Mitarbeitern (Feser)
Band 27	Unternehmenskultur und Ethik (Berkel/Herzog)
Band 28	Entwicklung zur Führungspersönlichkeit (Schmidt)
Band 29	Die erfolgreiche Führungskraft (Witt)
Band 30	Prinzipien der Führungsorganisation (Crisand)

Sauer-Verlag

Heidelberg